ISLAM ET LIBRE ARBITRE ?

La Tentation de l'Insolence

ISBN : 2-84454-208-5
22, rue Huyghens, 75014 Paris

e-mail : contact@dervy.fr

Malek CHEBEL

Rencontre avec

Marie de Solemne

ISLAM ET LIBRE ARBITRE ?

La Tentation de l'Insolence

Éditions DERVY
204, boulevard Raspail
75014 Paris

Autres ouvrages de
MALEK CHEBEL

La première date indique l'édition une ;
la seconde date indique l'édition la plus récente

LE CORPS DANS LA TRADITION AU MAGHREB, Paris, PUF, 1984 ; collection Quadrige, 1998.

LA FORMATION DE L'IDENTITÉ POLITIQUE, Paris, PUF, 1986 ; Payot-Poche, 1997.

LE LIVRE DES SÉDUCTIONS, suivi de DIX APHORISMES SUR L'AMOUR, Paris, Lieu commun, 1986 ; Payot-Poche, 2000.

L'ESPRIT DE SÉRAIL. MYTHES ET PRATIQUES SEXUELS AU MAGHREB, Paris, Lieu commun, 1967 ; Payot-Poche, 2003.

HISTOIRE DE LA CIRCONCISION DES ORIGINES À NOS JOURS, Paris, Balland, 1992, 1997.

L'IMAGINAIRE ARABO-MUSULMAN, Paris, PUF, 1993 ; collection Quadrige, 2002.

DICTIONNAIRE DES SYMBOLES MUSULMANS, Paris, Albin Michel, 1995 ; 2002.

ENCYCLOPÉDIE DE L'AMOUR EN ISLAM, AMOUR, SEXE ET BEAUTÉ EN PERSE, EN TURQUIE ET DANS LE MONDE ARABE, Paris, Payot, 1995 ; 2003.

PSYCHANALYSE DES MILLE ET UNE NUITS, (Réédition en 2002 de *La Féminisation du monde*), Payot, 1996.

LES SYMBOLES DE L'ISLAM, Paris, Éditions Assouline, 1997 ; 1999.

DU DÉSIR, Paris, Éditions Rivages, 2000 ; 2003.

TRAITÉ DU RAFFINEMENT, Paris, Payot, 1999.

LES CENT NOMS DE L'AMOUR (avec Lassaad Métoui), Paris, Éditions Alternatives, 2000 ; 2003.

LE SUJET EN ISLAM, Paris, Le Seuil, 2002.

MAHOMET ET L'ISLAM, Paris, Éditions Casterman, 2002.

Introductions et préfaces

Introduction aux LOIS SECRÈTES DE L'AMOUR EN ISLAM d'Omar Haléby et Paul de Régla, Paris, Balland, 1992.

Préface à ÉPHÈBES ET COURTISANES de Jahiz (IXe siècle), Paris, Éditions Rivages, 1997.

Préface au CORAN, trad. Édouard Montet, Paris, Payot, 2 vol., 1998 ; 2001.

Présentation de l'ISLAM, RELIGION ET COMMUNAUTÉ de Louis Gardet, Paris, Desclée de Brouwer, 2002.

Livres collectifs

« L'IMAGE DE L'AUTOCHTONE MAGHRÉBIN » in *Images et Colonies.*

ICONOGRAPHIE ET PROPAGANDE COLONIALE SUR L'AFRIQUE FRANÇAISE, 1880-1962, Paris, ACHAC/BDIC (Bibliothèque de documentation internationale contemporaine), 1993, p. 272-279.

GRANDES RELIGIONS (avec M.-A. Ouaknin, Cl.-B. Levenson, R. Le Gall), Paris, Éditions Assouline, 1998.

Chapitre « La Religion » in PHILOSOPHER II de Christian Delacampagne et Robert Maggiori, Paris, Fayard, 2000, p. 339-358.

« LA FEMME EN ISLAM » in *La Femme. Ce qu'en disent les religions d'Évelyne Martini*, Paris, Éditions de l'Atelier, 2002, p. 73-91.

Autres ouvrages de
MARIE DE SOLEMNE

Éditions DERVY

AIMER DÉSESPÉRÉMENT (avec André Comte-Sponville, Étienne Klein, Jean-Yves Leloup), 1998.

LA GRÂCE DE SOLITUDE (avec Christian Bobin, Jean-Michel Besnier, Théodore Monod, Jean-Yves Leloup), 1998.

INNOCENTE CULPABILITÉ (avec Paul Ricœur, Père Stan Rougier, Jean-Yves Leloup, Pr. Philippe Naquet), 1998.

INSAISISSABLE FRATERNITÉ (avec Alain Finkielkraut, Albert Jacquard, Jean-Pierre Schnetzler, Frère Jean), 1998.

LA SINCÉRITÉ DU MENSONGE (avec Boris Cyrulnik, Maître Paul Lombard, André Bercoff, Père Christian Delorme), 1999.

ENTRE DÉSIR ET RENONCEMENT (avec Robert Misrahi, Sylvie Germain, Julia Kristeva, Lama Dagpo Rimpoché), 1999.

LE MAL D'INCERTITUDE (avec Alain Ehrenberg, Gérard Israël, Marc Lachièze-Rey, Malek Chebel), 2002

AIMER... MALGRÉ TOUT, rencontre avec Jean-Yves Leloup, 1999

L'ENTHOUSIASME ET LA JOIE AU TEMPS DE L'EXASPÉRATION, rencontre avec Robert Misrahi, 2000

PASSEUR DE VIES, rencontre avec Jacques Salomé, 2000

Éditions ALBIN-MICHEL

LE CHANT RAUQUE DE L'ABSENCE (roman), 2002

Éditions LE FENNEC

L'INFINIMENT PRÉSENT (conte métaphysique), 1995 (épuisé)

À ceux qui demandent le Savoir,
À ceux qui le dispensent.

Prologue

UNE ÉTINCELLE D'AUDACE AU SERVICE DE LA PAIX

Soyons francs, pour la plupart d'entre nous, Occidentaux, l'islam ne nous a jamais tant « captivé » que depuis qu'il nous fait peur, qu'il met en péril notre équilibre moral, économique et social.

À croire que la peur est finalement un meilleur aiguillon de connaissance que le désir ou la bienveillance envers autrui ; et, d'une certaine façon, cela semble malheureusement le cas.

En revanche, il serait lourdement regrettable de croire que la crainte, la méfiance et l'angoisse soient de fiables conseillers en matière d'appréciation et de compréhension des événements et des personnes. L'époque que nous vivons en est la triste illustration puisqu'il n'a fallu que quelques mois à un groupe de terroristes assoiffés d'une vengeance aux mobiles obscurs pour que le regard que portaient les Occidentaux sur les musulmans dans leur ensemble ne bascule dramatiquement dans la suspicion généralisée !

Certes, nous sommes tous en accord sur le fait que l'acte terroriste est ignoble, qu'il n'est pas digne d'un être humain et qu'aucune cause, si désespérée soit-elle, ne peut justifier un tel procédé. Seulement, s'il est vrai que les plus sanglants attentats terroristes furent (et sont encore) perpétrés par des musulmans, ce serait faire preuve de bien peu de conscience de ne voir dans tous les fidèles à l'islam que des terroristes en puissance.

Présentée ainsi, cette distinction (qu'il est essentiel de garder à l'esprit) peut paraître une évidence, pour autant, les paroles de rues comme les comportements tendent à prouver le contraire.

Dans un tel contexte, il est donc primordial que soient aussi rappelées les significations exactes de certains mots que nous utilisons de plus en plus, comme : musulman, extrémiste, fondamentaliste, intégriste, islamiste, Arabe, terroriste, etc. Des mots qui deviennent aisément des armes perfides quand l'ignorance se mêle à l'angoisse de l'inconnu.

Le piège sournois (mais éculé) que nous tendent les extrémistes de tous bords est de faire croire à une guerre de religion, une prétendue « guerre sainte » quand ne sont en jeu, une fois de plus, que des volontés de pouvoir, d'hégémonie sur le monde, par le contrôle et l'assujettissement des êtres et des biens.

Dès lors, certaines questions resserrent leur étreinte : comment échapper à ce manichéisme ? Comment se soustraire à cette peur qui, parfois, est volontairement insufflée aux Occidentaux pour mieux orienter leurs opinions ? Comment, en tant que musulman modéré et pacifique, vivre dans un pays étranger dont la défiance des habitants ne fait que s'amplifier ? Comment respecter les traditions de l'autre, sans trahir les siennes ?

Le sujet est immense, océanique, mais il n'est ni décourageant ni désespéré car l'Homme, n'en déplaise aux pessimistes, porte en lui des ressources lumineuses qu'il suffit de ranimer avec une étincelle d'audace.

De part et d'autre les craintes sont réelles et parfois amplement justifiées, il n'en demeure pas moins qu'une écrasante majorité d'Occidentaux et d'Orientaux ne désire qu'une chose : vivre en paix – ensemble !

Encore faut-il qu'ils puissent se rencontrer, se découvrir et s'apprécier par d'autres truchements que les *a priori* réducteurs, les idées reçues héritées d'un passé douloureux ou d'une mémoire sélective...

Bref, la saison des jugements hasardeux, injustes et discriminatoires est largement révolue, elle n'a d'ailleurs que trop duré et nous constatons aujourd'hui les terribles conséquences de ces conduites nuisibles.

Est venu le temps d'apprendre, d'écouter, de découvrir, même ce qui nous effraie, même ce qui nous semble trop *étranger*, trop éloigné de notre culture. Il s'agit désormais de se montrer responsable de soi et du regard que l'on porte sur l'*Autre*, et cela est valable pour les Occidentaux comme pour les Orientaux. Savoir discerner le vrai du faux, le Bien du Mal, n'a jamais été chose aisée. Néanmoins, cela ne signifie pas que nous n'en sommes pas capables ou – pire – que nous devrions en laisser le soin à d'autres plus « qualifiés » !

La démarche individuelle est tout aussi capitale que le travail politique des États lorsqu'il s'agit de combattre la violence, la barbarie, l'obscurantisme et l'ignorance meurtrière.

Dans cet objectif, Malek Chebel nous est d'une aide infiniment précieuse. Grâce à son excellente connaissance de la pensée arabo-musulmane comme de la pensée occidentale – connaissance enrichie par une expérience vécue de ces deux mondes – et à ses compétences en psychanalyse et anthropologie (entre autres), sa pensée, ses paroles et ses constats sont des éléments de discernement indispensables pour qu'enfin cessent les divisons entre peuples et que musulmans et Occidentaux s'allient contre le terrorisme, d'où qu'il vienne et quelles que soient ses justifications chimériques.

Malek Chebel est d'ailleurs clair sur la situation présente, il parle « d'urgence », de « nécessité d'une prise de conscience rapide », du « danger potentiel « que recèle le « jeu des amalgames », etc.

Enfant d'Algérie vivant en France depuis près de trente ans, il nous entraîne à découvrir l'islam autrement, à travers le quotidien des musulmans vivant en pays arabes ou exilés en Occident.

S'il incite ces derniers à s'ouvrir plus largement sur le monde moderne et à prendre conscience de leur validité personnelle en tant que *Sujet* autonome, il invite aussi les Occidentaux à considérer les musulmans d'un autre point de vue que celui d'une menace latente et à s'engager dans un échange mutuel de leur culture et de leur tradition, plutôt que s'enfermer frileusement dans leurs convictions personnelles.

Le désir profond de cet humaniste infatigable, de cet amoureux de la vie – un désir courageux que nous ne pouvons que louer – est de pouvoir aider les uns et les autres à mieux comprendre les croyances, les comportements et les réactions de chacun au lieu d'aveuglément se condamner.

Il n'est pas utopique de vouloir vivre la paix, seuls ceux que les guerres et conflits divers servent et enrichissent, peuvent prétendre le contraire.

Certes, ils sont nombreux, mais nous le sommes plus encore.

« Lis au Nom de ton Seigneur qui a créé !
Il a créé l'homme d'un caillot de sang.
Lis !... Car ton Seigneur est le Très-Généreux.
C'est Lui qui a instruit l'homme au moyen du calame,
et lui a enseigné ce qu'il ignorait. »

CORAN (XCVI,1-5).

Chapitre 1

L'ALLIÉ PRIMORDIAL : LE DÉSIR D'ÊTRE

L'art de faire de son destin, une destinée

« La recherche de l'être est ma liberté même. Si je cesse de le rechercher, c'est comme si moi-même je cessais d'être. »

Karl JASPERS (1883-1969)

Nous savons que l'environnement culturel, social et familial dans lequel grandit un enfant est un facteur prépondérant qui jouera un rôle dans sa future évolution, dans l'orientation de ses choix ou non-choix. Pour vous, enfant de l'Islam, né en Algérie, quel fut votre environnement familial et social durant votre enfance ?

Je suis né dans un milieu très croyant et très pratiquant. Ce qui est amusant, lorsque l'on sait que je ne suis pas un fou du bénitier...

Paradoxalement, dans ce milieu croyant et pratiquant (au milieu des années 50), je n'ai été amené à apprendre le Coran que parce que l'école laïque et républicaine était défaillante ; cette défaillance étant due au fait que nous vivions alors dans une ambiance de fin de guerre. Ainsi, après une maternelle – écourtée – à l'école française puisque nous étions au temps de l'Algérie française, j'ai dû apprendre, à l'âge de neuf ans, un quart du Coran *par cœur !* D'une certaine manière, ce fut mon premier contact avec une scolarité organisée.

Néanmoins, si mon milieu familial était très croyant et très pratiquant, il n'était absolument pas contraignant. À cette époque, l'islam n'était pas perçu comme une obligation collective à laquelle chacun devait se soumettre. L'islam était une invitation. L'enfant n'était pas obligé de se rendre à la mosquée dès cinq ans ; il n'existait aucune propagande pour islamiser les enfants, quel qu'en soit le prix. Par conséquent, jusqu'à mon âge de raison, je n'ai jamais senti ou vécu l'islam comme une pression, comme une contrainte, comme une aliénation.

J'ai vécu au sein d'une famille nombreuse. Mon grand-père étant polygame, cette famille était composée d'un essaim d'enfants (dix-huit environ) entourés d'autant de femmes et jeunes femmes, ainsi que de deux grands-mères. En fait, il y avait des mamans partout, des bras qui vous prennent, qui vous lâchent...

Certes, sur le plan de la socialisation, ce contexte était très confortable, à la nuance près que, mon père étant décédé quand je n'avais que deux ans, ma mère est alors retournée chez sa propre mère avec ses deux fils, dont je suis l'aîné. Être l'aîné a signifié qu'ensuite, j'ai dû, en quelque sorte, vivre *par procuration* : au nom de mon père ainsi que par respect envers ma mère.

Nous étions donc à la charge de ma grand-mère, et plus exactement à la charge de mon grand-père qui subvenait aux besoins de la totalité de cette grande famille (une quarantaine de personnes) lui-même ayant deux épouses. Mais il en avait les moyens. Il était assez fortuné. Tant que mon grand-père vécut comme un grand propriétaire terrien, avec les moyens matériels suffisants pour subvenir aux besoins d'une famille, personnellement j'ai bien vécu.

Puis il fut pris d'une sorte de folie subite et décida de mettre ma grand-mère maternelle en quarantaine, de la répudier et, par voie de conséquence, également ma mère et ses frères, mon jeune frère Tayeb, et moi-même.

En Occident, la notion de polygamie correspond à un schéma appréhendé théoriquement, mais au quotidien et de manière concrète, l'impact que peut avoir une famille polygame sur un enfant qui vit dans son sein est sans doute différent de celui d'une famille monogame. Vous qui avez vécu dans une famille polygame (bien que votre propre père ne le fût pas), comment avez-vous appréhendé cette situation ?

J'ai, en effet, réellement vécu dans une famille polygame, mais, enfant, la seule différence que je ressentais, par rapport à une famille monogame, était seulement le fait que le nombre de mes oncles et tantes se trouvait multiplié par deux. J'avais des demi-oncles et demi-tantes, avec, cependant, en plus, des « quarts d'oncles » et « quarts de tantes » : les fils et les filles de mon autre grand-mère, la seconde épouse de mon grand-père.

J'ai donc vécu dans un contexte de polygamie, mais de polygamie heureuse ! Dans ce cas de figure, je n'ai pas eu à m'en plaindre, mais, si j'avais été l'une ou l'autre épouse, peut-être aurais-je eu des raisons de le déplorer – et encore...

À l'époque, la situation était quelque peu différente de l'idéologie qui domine aujourd'hui ; le milieu polygame dans lequel je vivais était réellement un milieu joyeux, détendu, satisfaisant sur le plan affectif.

Bien sûr, ce n'était pas l'idéal, j'aurais préféré avoir mon père, ma propre famille, de nombreux frères et sœurs autour de moi, ce qui n'était pas le cas. Cela dit, étant donné la situation, je pense que je m'en suis plutôt bien sorti.

Autrement dit, cette étape de ma vie dans une famille polygame fut assez heureuse avec, évidemment, quelques pointes amères qui sont le lot de certains enfants.

Vous nous dites :* « Tout s'est bien passé, jusqu'à ce que mon grand-père mette ma grand-mère en quarantaine, qu'il la répudie ? » *S'est-il produit une douloureuse rupture à ce moment ?

À mon avis la rupture était déjà latente depuis longtemps. Évidemment, de mon point de vue d'enfant, plutôt spontané, un peu naïf, heureux de vivre, insouciant, je percevais les choses agréablement, mais en réalité, *a posteriori*, j'ai découvert qu'il existait des différences entre moi – petit-fils de mon grand-père – et ses propres enfants directs, dont certains avaient le même âge que moi. Dans les faits, la rupture existait donc déjà, mais sans qu'elle me soit directement perceptible et sans que je puisse la formaliser. Il existait, de façon certaine – je l'ai constaté par la suite d'une manière très nette –, une évaluation différente des deux parties de la famille, c'est-à-dire d'une part ma mère, mon frère et moi et, d'autre part, les *autres* ; cette différence étant marquée de la même manière par mon grand-père que par ma « belle-grand-mère » (il faut créer un mot pour ça !), la seconde femme de mon grand-père, qui eut la chance d'être la plus jeune...

Aujourd'hui, je peux le dire, nous étions *la pièce rapportée.* Nous n'avons jamais été considérés comme faisant *vraiment* partie de la famille de mon grand-père...

Tant qu'il pouvait subvenir à nos besoins (au sens large du terme), le problème n'était pas encore aigu ; le budget familial n'est pas rompu s'il y a trois bouches de plus à nourrir, quand la famille comprend déjà vingt personnes. Seulement, par la suite, quand la révolution sociale a éclaté, lui, qui était un vrai latifundiste, qui possédait et exploitait une grande propriété, qui avait des métayers travaillant pour lui, s'est vu réduire ses terres, être peu à peu privé de ses sources de revenus, et les problèmes ont alors émergé.

La rupture a donc surgi sous des *apparences* d'économie, des *apparences* de paupérisation économique ; et si je précise « sous des *apparences* », c'est que, plus tard, la psychanalyse m'a permis de comprendre que les soucis financiers n'étaient qu'un prétexte. Nous pouvons, en effet, totalement nous appauvrir sans pour autant rompre sur le plan affectif ou émotionnel avec la fratrie ou les petits-enfants.

Autrement dit, la conjoncture économique fut l'alibi de mon grand-père pour mettre fin à une situation de vie, qui était (plus ou moins) idyllique pour moi, malgré, évidemment, les déficits avec lesquels je partais : déficit du père, déficit du grand-père, etc., bref, un déficit d'identité ayant pour cause le manque de confrontation positive à une charpente masculine. Certes, je me raccrochais à toutes les entités masculines de la famille, par exemple mes oncles, mais un oncle n'est pas un père...

Pour autant, même avec une identité carencée, grâce au fait que j'étais insouciant, que j'étais à un âge où l'on est suffisamment souple pour s'adapter et intérioriser la conformation de la famille telle qu'elle est en réalité, et non pas telle qu'on voudrait qu'elle soit, ce n'est que plus tard que j'ai réfléchi à tout cela, alors qu'à l'époque, j'acceptais plutôt assez bien la situation dans laquelle je vivais.

À quel âge avez-vous réellement pris conscience que vous étiez considéré différemment des autres enfants de la famille (votre frère mis à part), et de quelle façon l'avez-vous ressenti le plus brutalement ?

J'avais entre cinq et sept ans. Cet épisode traumatisant, mais en même temps fantasmatique, est très significatif de ce que peut être le traumatisme infantile. Quelques jours avant la rentrée des classes, mon grand-père demanda à chacun une liste des objets scolaires désirés car c'est lui qui s'occupait des achats pour tout le monde. Le soir, quand il revint du marché, il nous apporta les fournitures. Moi je n'avais demandé que quatre stylos de couleurs, bleu, rouge, vert et noir, des stylos Bic®, dans une pochette en cellophane transparente.

Je rêvais de ces quatre stylos depuis des mois, et la rentrée des classes était l'occasion unique de les avoir. Effectivement, le soir, mon grand-père les avait apportés avec le reste figurant sur la liste. Seulement, lorsque je voulus les prendre, son fils (qui avait mon âge) a dit qu'ils étaient à lui ! Il a décidé que les quatre stylos lui appartenaient et que c'était lui qui les avait demandés.

Je me souviens très bien de la réaction de mon grand-père. À ce moment précis (ses paroles sont encore gravées dans ma mémoire), mon grand-père a dit : « Eh bien... Tant pis, puisqu'il les veut, tu les lui donnes ! Un de ces jours, je t'en achèterai d'autres (*autres*, qu'évidemment, je n'ai jamais eus). Ce n'est pas grave, donne-les-lui, pour qu'il arrête de pleurer. » Il était le *chouchou* de mon grand-père, assez gâté...

Moi, en échange des stylos, je n'ai eu qu'un ersatz, quelque chose qui n'avait aucune signification à mes yeux.

À cet instant, j'ai compris que j'étais différent.

Malgré l'ambiance relativement sereine de la famille (compte tenu des moyens dont elle disposait), j'ai senti que, sur des points précis, sur des points de sens (car cela faisait sens pour moi, je cristallisais beaucoup de choses sur ces stylos), j'étais différent et que, probablement, il me faudrait me battre – beaucoup...

Vous souvenez-vous de votre réaction ce jour-là et quelle fut-elle ?

Je m'en souviens clairement. De manière concrète, physique, cela m'a *glacé*. J'ai senti un froid intense m'inonder complètement, me dominer, et j'ai été frappé d'un mutisme absolu. Je n'ai pas réagi, je n'ai pas dit que c'étaient *mes* stylos. En fait, j'avais peur ; non pas d'une sanction corporelle, mais d'une réaction de rejet définitif.

En disant : « Ce sont mes stylos, je les veux », je craignais que cette fois, le rejet ne soit formulé explicitement, donc irrévocable. Jusqu'à ce jour, il était nuancé, un peu hypocrite, un peu traître, mais j'acceptais ce rejet plus ou moins sournois. Je me contentais du caractère un peu ambivalent de ce rejet, uniquement parce que je redoutais qu'il ne soit plus clairement exprimé.

Ma seule réaction fut donc cette impression de froid polaire et un silence total.

Ce qui, *a posteriori*, est amusant, c'est que ce garçon, le fils chouchouté de mon grand-père, ignore encore que, ce jour-là, il a peut-être signé mon destin d'écrivain ! Et sans doute ne le saura-t-il jamais... Je pense même que si je le lui disais, il ne comprendrait pas.

Il ne comprendrait pas pour, au moins, deux raisons. D'abord, cet épisode n'a pas eu le même impact affectif et émotionnel sur lui que sur moi ; pour lui, obtenir ces stylos n'était qu'un caprice, et il les a d'ailleurs oubliés cinq minutes plus tard. Ensuite, il est incapable d'imaginer qu'un accident affectif et émotionnel de ce type puisse fixer le destin de quelqu'un. Pourtant, l'impact émotionnel d'un tel acte, alors que je n'avais que six ou sept ans et que je ne savais donc pas faire « la part des choses », fut immense.

Là, oui, pour la première fois, j'ai cruellement senti que j'étais dissemblable...

Plus tard, j'ai régulièrement vécu ce phénomène, en répétition. Par exemple, en sixième (j'avais onze ans), j'ai été placé dans une institution relevant de la DDASS, qui se nommait « Centre pour enfants abandonnés ».

Pourtant, je n'étais pas abandonné du tout ! J'avais seulement le malheur d'être orphelin de père...

Que s'est-il passé ? Votre mère était-elle décédée à cette époque ?

Absolument pas ! Ma mère était en vie – elle est toujours en vie, Dieu merci ! Seulement, mon grand-père commençant à s'appauvrir, décida de « couper » les branches *lointaines* et encombrantes. Et la première branche à laquelle il s'attaqua fut celle que nous formions, ma mère, mon frère et moi. Quant à ma grand-mère maternelle, pour qu'elle parte de la maison familiale, mon grand-père trouva comme alibi de lui demander de choisir entre sa fille et ses petits-enfants, ou de continuer de vivre en rivalité avec l'autre femme, la seconde épouse ! Par solidarité avec sa fille et ses petits-fils, ma grand-mère est partie. Mais, aussitôt, nous avons été réduits à la pauvreté, car le système traditionnel ne prévoyait pas de pension alimentaire, ou autres. Il n'y avait rien du tout ! Dès lors, comme ma mère et ma grand-mère se sont pratiquement retrouvées à la rue, pour que cela fût moins difficile pour tous, mon frère et moi avons dû être « confiés » à la DDASS. Mon frère y est resté deux ans (il était plus jeune) et moi un an, durant mon année scolaire de CM2.

J'ai toujours en moi le souvenir du jour où mon oncle m'a conduit dans ce centre pour enfants abandonnés. Il faisait un temps magnifique, la mer était belle... À en pleurer...

La mer était tellement belle...

Silence.

Mon oncle m'a ainsi emmené dans ce centre (les bâtiments existent toujours, mais ils ont changé d'affectation), et m'a remis entre les mains d'un homme, avec lequel il avait pris des accords auparavant par téléphone. Il lui avait seulement dit : « Je t'amènerai deux gamins, tu t'en occuperas. » Sans doute se connaissaient-ils déjà, peut-être étaient-ils de la même famille – une parenté plus ou moins éloignée –, ou encore n'était-ce qu'un *intermédiaire* chargé de nous placer ?

Quoi qu'il en soit, je me souviens clairement du chemin que nous avions emprunté, de la voiture que nous avions utilisée, et de la mer, immensément belle... C'était une magnifique journée, et moi j'allais entrer dans un système monacal, à l'âge de dix ans – système dont je ne sortirais qu'après l'obtention du baccalauréat.

Que pense-t-on à un tel moment ?

Quand on pénètre dans un tel lieu, qui est une sorte de pénitencier (il n'y avait pas de barreaux, mais nous n'avions pas le droit de sortir), on n'a plus aucun repère. On vient de naître, avec l'angoisse des lendemains qui déchantent. On sait que l'on va au casse-pipe. Le lieu dans lequel on entre est hostile, on y rencontre beaucoup d'autres enfants qui ne sont pas tous sympathiques (loin de là...).

Toutes les tranches d'âges étaient mélangées, nous vivions les uns sur les autres ; dans les dortoirs, nous nous entassions à deux cents. De plus, à l'époque, ce « centre pour enfants abandonnés » était également un centre de rétention pour adolescents et pré-adolescents délinquants !

Autrement dit, je fus plongé dans un vivier où je fréquentais à la fois le Bien et le Mal. Nous étions le Bien et le Mal. Les deux aspects de la personnalité humaine existaient, comme aurait dit Foucault dans « *Surveiller et Punir* ». La rencontre du Bien et du Mal était institutionnalisée dans un même espace clos. Nous vivions ensemble, nous dormions ensemble, nous avions les mêmes jeux.

Et c'est la vie qui s'arrête...

Un jour, quelqu'un vous abandonne dans un tel lieu, et vous êtes soudain obligé de réinvestir toutes les coordonnées d'espace et de temps, de recréer des liens avec des personnes qui ne sont ni vos parents, ni vos frères et sœurs, ni même des êtres qui vous sont *a priori* favorables, et sont même, parfois, malveillants. Ce n'était pas une jungle au sens propre du terme, mais cela y ressemblait, car la règle était : *chacun pour soi* !

Face à cela, on est démuni, on arrive dans un lieu d'anomie totale, sans connaître les règles, les lois internes et officieuses qui sont en vigueur. Il faut des semaines, des mois, pour repérer les lieux de force, les lieux de vie, les lieux d'opposition.

Ma plus grande chance est de n'être resté dans cet environnement effroyable que pendant un an, le lycée m'en a sauvé. Néanmoins, cette année m'a terriblement marqué.

Le fait d'avoir été aussi violemment confronté à une exclusion supplémentaire, a-t-il asphyxié, pendant un temps, le désir essentiel de tout individu, quel que soit son âge : le désir d'être ?

Oui, d'une certaine manière. En fait, maintenant que je peux observer cette épreuve avec des années-lumière de recul, je pense que nous étions, véritablement, même sur le plan physique, totalement dépersonnalisés.

Une dépersonnalisation absolue se faisait dès l'entrée dans cet établissement. Et, une fois à l'intérieur, une restructuration s'opérait, avec ses failles, ses carences, ses blessures ; une restructuration sur d'autres bases que celles de cette personnalité que l'on avait laissée à la porte, comme des oripeaux qu'on abandonne, comme une peau que l'on vous arrache sur le seuil. Je revois mon oncle quand il nous a abandonnés là... Cela n'a duré que trois secondes. Peut-être n'avait-il pas le courage d'affronter mon regard, ou sa propre panique ? Quoi qu'il en soit, sa propre panique l'a conduit à nous jeter, comme ça, à partir très vite, sans prendre le temps de nous aider à comprendre, à nous adapter.

À ce moment-là, je suis passé d'une identité à une autre. Je me suis débarrassé de mon Moi et je me suis retrouvé le cœur nu, dans ce milieu effroyable et étranger, contraint de me recomposer une autre identité.

C'est terrible parce que ce n'est même pas une renaissance ; ce n'est pas ce que l'on souhaite. Il y a alors un anéantissement de beaucoup de désirs, du bloc le plus solide de ses désirs intimes, et l'on devient quelqu'un d'autre, sans plus de vrais désirs, seulement des velléités de désirs. Comme nous n'étions plus des individus, mais un groupe, une masse, les désirs propres à chacun étaient anéantis.

Il se peut que toute ma vie future se soit structurée autour de ces différents épisodes traumatisants que j'ai évoqués : les quatre stylos de couleur, l'exclusion par l'indifférence, le fait que mon grand-père se sépare de la branche pourrie de sa famille (du moins considérée comme telle à l'époque et par lui), que mon oncle m'abandonne comme cela, si précipitamment et d'une manière aussi sèche, me laissant avec mon jeune frère dans un état de déréliction innommable.

Exister est une chose, se sentir « existant » en est une autre. Il semble que même lorsque vous viviez avec votre grand-père et la « grande famille », vous ne vous sentiez pas suffisamment « existant ».

C'est juste. J'existais biologiquement, socialement, familialement, mais je ne me sentais pas « existant ».

Je crois que je ne suis devenu existant que lorsque j'ai décidé d'exister pour moi-même. Si ma famille m'a fait exister, c'est moi-même qui me suis fait existant. Heidegger et Sartre ont dit des choses très intéressantes à ce sujet.

D'une certaine manière, j'ai toujours vécu comme une aporie, comme un anachronisme. À la limite, j'existais malgré moi, j'existais physiquement, j'étais toujours bien portant, rarement malade ; j'étais presque comme un non-sens. Finalement, j'avais toutes les raisons de ne plus exister, d'être *éjecté* à la fois par la famille (comme je l'ai été) mais également éjecté par mes dispositions intellectuelles. Je pouvais rater ma scolarité, mon adolescence, ma formation, je pouvais « mal tourner », à tout moment. J'avais donc toutes les raisons du monde de ne pas exister, et si j'ai, par une sorte de sauvegarde intérieure, réussi à être existant, c'est que, au moins, j'ai eu le désir de ne pas donner raison à cette vie-là, à la vie que l'on me proposait.

C'est ce qui m'a aidé.

Par exemple, je me souviens avec précision du jour où j'ai obtenu mon examen d'entrée en sixième. Ce jour-là, le directeur de cet établissement épouvantable que j'évoquais était devenu pratiquement fou.

Il nous avait mis en rang, en file indienne, nous demandant d'avouer qui était responsable de la destruction des photographies qu'il avait accrochées, pour les faire sécher, sur le toit de l'établissement. Ce que j'ignorais encore, c'était que, le jour même, mon nom avait été cité dans le journal car j'avais réussi mon examen d'entrée en sixième ! Nous étions donc tous alignés en file indienne, et recevaient une claque tous ceux qui n'avouaient pas être responsables de cette destruction de photos (où l'on voyait le directeur et sa petite amie) ! Seulement, quand ce fut mon tour, m'avançant vers le directeur pour recevoir ma claque, comme tout le monde, il me dit : « Toi, Malek, non. Tu n'auras pas de claque parce que tu viens d'être reçu en sixième »...

Ensuite, on me demande pourquoi j'ai une vénération pour les études ! (rires)

En réalité, consciemment ou non (puisque vous étiez encore très jeune), vous avez perçu que les études, donc la connaissance, permettaient de se sentir différent, mais cette fois dans la reconnaissance et non plus dans l'exclusion ?

Oui, absolument. C'était une liberté, un souffle de liberté. J'ai senti que les études pouvaient être ma sauvegarde absolue, que c'était par le truchement des études que j'allais m'en sortir.

Ces moments clefs m'ont fait ressentir, instinctivement, viscéralement, que ma seule issue de secours était dans la connaissance, donc dans le fait de prolonger mes études. C'était ma seule défense, le seul canevas, la seule protection que j'avais. Les autres étaient protégés par leur père, leur famille, leur grand frère, moi j'étais protégé par les études. Toute cette quête répondait à un seul objectif inconscient, celui de substituer un père symbolique (l'École, le Savoir) à un père réel, décédé, absent.

En fait, le lycée a toujours été pour moi une aubaine, un bonheur, le site de vie par excellence. C'était le seul endroit où j'évoluais, où j'exprimais toutes les facettes de ma personnalité puisque je n'en avais pas d'autre. En ce qui me concerne, je n'investissais pas seulement le lycée comme un terrain d'apprentissage des connaissances, mais également comme un lieu d'existence où je mangeais, dormais, etc. Sans quoi je n'avais rien. Très vite, d'ailleurs, les études sont devenues pour moi synonyme de « lieu », non pas d'excellence, mais de passage de la vie. Mes désirs s'exprimaient réellement à travers mes études : le pur désir d'être, bien sûr, mais également le désir d'être aimé par les autres. Peu à peu, j'ai compris que les études étaient mon laissez-passer car, grâce à elles, j'étais interne, ce qui signifiait être logé et manger à ma faim. De plus, j'avais des compagnons de route, des rêveries, des lectures, des amitiés.

Finalement, c'était magnifique !

Au-delà de la réussite, les études étaient pour moi une protection inouïe. Je ne cherchais même pas à être le plus brillant du lycée. Je n'étais d'ailleurs pas le plus brillant ; en revanche, j'étais le plus régulier. Comme je suis d'un tempérament souvent positif, j'ai réussi à ne pas voir le mauvais côté des choses, à ne pas me monter la tête en me disant : « Je suis interne dans un lycée, dans ma ville, ma famille n'est pas loin et je ne peux pas aller la voir, je n'ai pas d'argent, etc. »

Pourtant, il est vrai que j'ai vécu dans un dénuement matériel indescriptible !

Il semble que vous aviez tellement la sensation de n'être rien, de n'avoir accès à rien, que la moindre chose positive qui vous touchait était reçue comme un don, don auquel vous pensiez ne même pas avoir droit.

Exactement. Tout était don pour moi, y compris le fait que, pendant sept années, je n'ai jamais été malade, malgré les conditions dans lesquelles j'ai vécu, qui étaient effrayantes !

On parle du bonheur impossible auquel aspire vraiment l'être humain. Il n'est pas dit que nous en soyons quotidiennement privés, mais la difficulté réside dans le fait d'identifier ce bonheur, de l'identifier quand il se présente. L'homme est plus heureux qu'il ne le pense lui-même. Plus heureux, mais moins perspicace. Ceci explique peut-être cela.

En découvrant ce que furent les débuts de votre vie : une enfance écrasée, un milieu familial atomisé, l'abandon (à l'âge de dix ans) dans un centre où cohabitaient enfants abandonnés et adolescents délinquants, puis votre réussite à l'entrée en sixième et les études qui s'ensuivirent, nous avons l'impression que vous possédiez une incroyable insolence positive face au destin, notamment face à ce destin nécessiteux auquel vous sembliez prédestiné par la naissance.

J'avais une sorte de parti pris inconscient qui me poussait à aller contre le raisonnable. Si j'avais été *raisonnable*, dans le contexte qui était cohérent et logique avec ma vie, aujourd'hui je serais, au maximum (et parce que j'avais un tempérament qui me permettait d'avancer malgré tout), peut-être contremaître, travaillant au port, puisque j'habitais dans une ville portuaire. Ou encore, peut-être aurais-je obtenu un brevet technique, par exemple de mécanicien... Qu'aurais-je pu faire d'autre ?

En bref, j'étais voué à faire des études courtes, des études techniques, rapidement rémunératrices, susceptibles de me donner une assise matérielle immédiate.

Or, non ! J'ai choisi de longues études, non rémunératrices (ou alors sur un très long terme...) et théoriques. Rappelons le mot de Voltaire : « *Le succès fut toujours un enfant de l'audace* ».

En fait, je suis la synthèse d'un grand nombre d'accidents. Ma réussite n'est pas d'avoir réussi, mais d'avoir su éviter les chausse-trappes, les périls immédiats, la tentation d'une vie confortable ou casanière – sans risques majeurs.

Toute ma mécanique personnelle s'est fondée sur la peur de l'échec.

Peut-on parler d'insoumission ?

Oui, d'une insoumission à la fatalité sociale, familiale, culturelle.

Tout en feignant d'accepter les normes classiques sur lesquelles est fondée la réussite de quelqu'un, en réalité, je les refusais. Je les refusais, parce que je n'entendais pas la réussite comme étant un chemin droit.

Selon moi, réussir, ce n'est pas aller tout droit. La réussite, c'est, peut-être, de ne justement pas avancer en droite ligne, mais de contourner, de ne pas savoir exactement où l'on va et, au final, se trouver.

Réussir, c'est se trouver ou se re-trouver.

Je n'ai jamais vraiment mis l'accent sur la réussite car mon souci premier était avant tout de vivre. Il fallait que je pense à me trouver un logis, un toit, toute l'année. Ce qui exige une certaine anticipation. À seize ans, je devais déjà anticiper pour parvenir à cela. La réussite est venue plus tard, de surcroît, comme une grâce divine, comme la cerise sur le gâteau ; c'était un cadeau de Dieu.

Après être enfin sorti de cet univers terrible qu'était ce centre pour enfants abandonnés, comment avez-vous vécu ?

Je suis resté dans cet établissement jusqu'à la fin de mon année de CM2, où j'obtins donc mon examen de passage en sixième qui me permit d'entrer au lycée de ma ville natale. Seulement, là encore, bien qu'étant dans ma ville natale, comme je ne savais pas où aller (ma mère ne pouvait toujours pas m'accueillir), j'ai été placé durant sept ans, de la sixième jusqu'au baccalauréat, en internat. Même au moment des vacances, je n'avais nulle part où me rendre. C'est ainsi que pendant toutes mes années de lycée (et même plus tard, à la

Faculté), je me suis arrangé pour partir en colonie, dans des centres de vacances, soit comme élève, soit comme moniteur. Jusqu'en terminale, j'ai fait tous les postes de centres de vacances. Puis, au fur et à mesure, j'ai même suivi une formation, et passé un diplôme.

Autrement dit, globalement, du CM2 à la terminale, je n'ai jamais vécu chez moi ; je n'avais pas de « chez moi ». Je ne voyais ma mère que, parfois, quelques jours, pendant les vacances d'hiver ou de printemps.

J'ai ainsi vécu la totalité de mes années d'enfance et d'adolescence dans ce contexte difficile et paradoxal : être interne au lycée alors que ma « famille » vivait dans la ville. Je dis, paradoxal, parce que, d'ordinaire, ne sont internes que ceux qui viennent de loin, qui n'ont pas le temps de rentrer chez eux. Évidemment, aux rares occasions où je retrouvais ma mère, elle avait ensuite toutes les peines du monde à devoir me quitter.

Elle ne me l'a jamais dit, mais elle souffrait beaucoup.

Néanmoins, si mon milieu familial était très compliqué, par chance, le système dans lequel j'ai évolué : l'internat, le lycée, les centres de vacances, etc., m'a offert de multiples ouvertures.

Comment est-il possible que votre grand-père, extrêmement croyant et pratiquant, ait pu se comporter envers vous de manière aussi peu humaine et aussi peu responsable ? Comment un musulman pieux s'arrange-t-il avec le Coran et Dieu, pour se conduire ainsi avec des femmes et des enfants, qu'il considérait comme une branche indésirable que l'on peut « tailler » si besoin est ?

Aussi étrange que cela puisse paraître, l'islam permet une grande liberté dans le cercle familial privé. La compassion existe, mais elle n'est pas aussi poussée, aussi forte, en islam que dans la chrétienté.

Dans ce cas précis, mon grand-père n'a pas du tout agi en croyant. Il a agi en homme, en macho, peut-être un peu en misogyne et, avant tout, en homme égoïste.

Cela dit, je pense que c'est l'amour qu'il portait à sa seconde femme qui était la cause principale de son attitude et, de ce fait, elle avait une indéniable maîtrise sur lui. C'est elle qui, finalement, le dirigeait, le pilotait émotionnellement. Elle avait sur lui un ascendant inouï et son amour pour elle le rendait aveugle.

Un jour, alors que je n'étais encore qu'un gamin, j'ai surpris une discussion très éclairante entre ma mère et ma grand-mère qui parlaient de leurs déboires mutuels avec leur père et leur mari : mon grand-père. Souvent le nom de la seconde épouse revenait dans la discussion et, à propos d'elle, ma mère dit à ma grand-mère : « Finalement, et si ce n'était que de l'amour, tout ça ? ».

Il était sous-entendu que peut-être était-ce uniquement pour ne pas perdre l'amour de cette femme, que mon grand-père avait dû se séparer de sa première femme, de ses enfants, des enfants de sa fille...

Évidemment, ma grand-mère n'était pas en mesure d'entendre cela, de suivre ma mère sur cette piste. D'ailleurs, ma grand-mère, décédée il y a quelques années, est morte en aimant son mari – trente ans après qu'il l'eut répudiée. Elle est morte en amoureuse, car je crois qu'elle ne pouvait pas imaginer un autre sens à sa vie que son mari.

Pour en revenir plus précisément à votre question, mon grand-père a donc, en effet, réagi en homme avant de réagir en croyant et en musulman.

Toutefois, il faut préciser qu'à cette époque, la « comptabilité » ne se faisait pas sur de tels critères. Il y avait un tel machisme, la femme avait si peu de valeur, qu'un homme pouvait être un véritable goujat, ne remplir aucun rôle au point de vue de l'éthique, de la morale, de la responsabilité, ou de la dignité d'un bon musulman tel que cela est décrit dans le Coran et, pour autant, penser qu'il est croyant, aller à la mosquée et prier Dieu en toute sincérité, sans faire de lien entre sa conduite répréhensible envers sa femme, sa famille, et le fait de respecter les commandements de Dieu ou non !

C'est très étonnant. Malheureusement, l'islam s'arrange parfaitement avec la faiblesse humaine, et encore plus facilement avec celle des hommes que celle des femmes.

Il n'existe donc rien dans le Coran qui régisse quelque peu les lois morales devant être respectées au sein de la famille ?

Si, justement, cela existe. Dans le Coran, se trouvent des lois précises, des versets très clairs à ce propos, et l'abandon d'une famille est absolument réprouvé, comme toute attitude indigne est réprouvée par le Coran. Malheureusement l'Homme – tout homme ou toute femme – peut, à un moment donné, se départir d'une observance rigoureuse des prédicats éthiques et moraux au nom d'un intérêt immédiat, individualiste, égoïste, ce qui est une sauvegarde personnelle.

Les individus négocient ; ils adoptent une tractation par l'absurde.

Ils sont prêts à être veules pour défendre leurs intérêts. Dans cet exemple, comme dans d'autres, tel le problème de la polygamie, les hommes musulmans sont prêts à lire le Coran à leur manière, à tordre un peu le sens des versets, pour peu que cela les serve.

Nous sommes confrontés à l'incroyable distance qu'il y a, d'une part, entre le corpus théorique : le Coran, la tradition, l'interprétation *officielle* du Coran, (tous les vendredis, l'imam répète la liste des interdits absolus, entre autres : manquer à sa parole, manquer à ses engagements, ne pas rendre ses dettes, etc.) qui est tel un écriteau oral et, d'autre part, la conduite individuelle de chacun ! Et, entre ces deux positions, s'étalent tous les degrés, qui vont du maniaque s'évertuant à correspondre à l'image que donne le Coran d'un homme sain, responsable, d'un époux qui s'assume, jusqu'au retors qui, avec lâcheté, combine, tricote tout cela, *aménage* un peu les versets pour n'entendre que le sens qui lui convient le mieux !

Cette dernière attitude est particulièrement flagrante à propos de la polygamie. Les hommes, qui veulent être polygames, lisent le Coran d'une étrange manière... Alors que, dans le Coran, il est clairement exprimé qu'il est préférable de n'avoir *qu'une seule femme*, beaucoup se débrouillent pour lire l'inverse ! Certes, le Coran dit : « *Il vous est permis, vous musulmans, d'avoir jusqu'à concurrence de quatre femmes* (...) » mais, n'oublions pas que ce texte date du VIIe siècle, époque succédant à une période esclavagiste, où les puissants avaient parfois jusqu'à deux cents femmes et non pas seulement quatre ! Ainsi, lorsque le Coran autorise les hommes à avoir jusqu'à quatre femmes, c'est dans un esprit de limitation ! Seulement, bien qu'il soit dit : « ... *Mais il est préférable aux yeux de Dieu de n'en avoir qu'une.* », un grand nombre d'hommes prétendent : « Dieu nous a permis quatre femmes, alors pourquoi se priver et se limiter à une seule ? » !

Ce comportement est très explicite : si un homme veut être un vrai musulman, il lit l'ensemble du verset, il tient compte du contexte dans lequel il a été écrit, etc., mais s'il veut seulement être polygame, il s'arrête à la première partie !

***Dans votre ouvrage* Le Sujet en islam[1], *vous écrivez :* « Il semble que l'émergence du sujet en islam soit affectée par le poids écrasant représenté par la famille, qui enserre et étouffe l'individu arabe, ce qui a des répercussions sur tout l'univers musulman. »**

Enfant, avez-vous subi ce poids écrasant de la famille ?

Non. J'ai échappé à cette chape de plomb puisque je suis sorti de l'univers familial à l'âge de dix ans et, comme je le disais, je ne l'ai ensuite connue et rencontrée que sporadiquement, durant de très brèves vacances, toujours en une sorte de *guest star*, en « invité »...

Personnellement, j'ai vécu dans des établissements à structures étatiques, avec un ordonnancement précis : un réveil pour tout le monde, un coucher pour tout le monde, des repas à table, en commun (plusieurs centaines de gamins), les mêmes sorties, etc. Il y avait là une réelle structuration.

Je n'ai donc pas subi le poids de la famille classique. Cependant, je peux, tous les jours, constater cette pesanteur. De nombreuses familles continuent, encore aujourd'hui, à *piloter* l'individu – aussi bien les femmes que les hommes. Nous croyons que seules les femmes sont régentées par la famille, mais c'est également le cas des hommes. Ils sont dirigés dans leurs choix amoureux, dans leurs choix matrimoniaux, dans leurs choix professionnels, intellectuels, émotionnels, et même géographiques ! La famille peut lui intimer l'ordre d'habiter à tel endroit et non tel autre. L'homme, aussi, est pris en charge par la famille, de la naissance à la tombe.

Le fait que la famille elle-même refuse toute possibilité d'être une personne à part entière (un sujet autonome), vient-il de

1. *Le Sujet en islam* – Malek Chebel / Ed. Seuil 2002

l'influence de la religion de l'islam, ou de cette licence que les hommes s'autorisent avec certains versets du Coran, afin d'instituer les règles familiales qui les arrangent ?

Ce sont, justement, les deux ! Les sources réelles de la famille traditionnelle arabe qu'on appelle la *ayla* sont claniques. Et cette ancienne structure de la tribu a finalement survécu au régime imposé par l'islam. L'islam n'a ni limité ni codifié le rôle de la famille, il a même, au contraire, reconnu le rôle de la famille, il l'a approuvé, il a misé sur la famille, mais la famille a, en fait, repris l'héritage clanique de la tribu. Cela vient donc de loin ; les individus naissent dans cette idéologie de la famille, sans jamais imaginer la remettre en question. Pour eux, cela est *im-pensable*, puisque la famille est le cadre de leur pensée, le cadre authentique et ancestral du fait même de pouvoir penser : on ne peut pas penser un « impensé » qui vous a servi de cadre, de lieu de vie et d'épanouissement.

En ce qui me concerne, je suis convaincu que tout ce que j'ai pu réaliser par la suite est la résultante de cette « échappée belle », que je me suis offerte malgré moi (malgré moi car, au fond, je n'avais rien demandé...)

Si nous transposions votre vie durant votre jeunesse (qui s'est déroulée dans les années 70), de nos jours, dans le même contexte religieux musulman, famille éventuellement polygame, etc., avec les grandes difficultés que cela implique pour devenir un individu autonome, cette insolence face au destin (seule issue pour s'arracher à une prédestination néfaste), serait-elle encore utile, ou non ?

Je pense que dans l'état de déliquescence où se trouve le pays aujourd'hui, même l'insolence n'est plus accessible. D'une certaine manière, l'insolence exige un minimum de rigueur, un minimum de conditions. Pour être insolent, encore faut-il qu'il y ait un cadre préalable, face auquel nous pouvons faire preuve d'insolence. En ce qui me concerne, j'avais un cadre (et même plusieurs) « idéal ». J'étais dans le cadre de l'internat, le cadre de l'exclusion, je n'avais ni famille ni mentor, et tout me destinait à n'être rien. Mathématiquement, je devais terminer à peu près au niveau du brevet vers dix-sept ou dix-huit ans, puis trouver un travail... Mais, justement, ce cadre-là fut, à cette époque, transgressé et contourné, non pas par ma propre insolence, mais par l'insolence de la vie elle-même, qui était ce flot me portant, qui était ce destin sinistre. Personnellement, je ne prévoyais rien du tout ! L'essentiel était d'être au lycée et de continuer à être au lycée, puisque c'était mon lieu de vie.

Et ce cadre me permettait d'être insolent sans même en être conscient.

En y réfléchissant, j'avais toutes les raisons d'échouer, mais j'ai dû être touché par la grâce, j'avais un ange qui veillait sur moi – peut-être était-ce aussi de la chance, un peu d'insouciance et cette possibilité d'insolence dont nous parlons : l'insolence de la vie, l'unique insolence, l'incomparable insolence de la vie qui sauve de tous les oublis.

Vous parlez de « grâce », vous dites avoir sans doute eu un ange veillant sur vous, mais vous ajoutez aussitôt que cela était peut-être aussi simplement de la « chance »... Pourquoi, mis à part le fait que vous soyez né dans une famille très croyante, la religion semble-t-elle absente durant ces années de jeunesse ?

La présence de la religion (du sacré) existait-elle néanmoins dans votre environnement quotidien ?

Elle était omniprésente. Nous baignions dedans. Le *muezzin* appelait régulièrement à la prière et, même si nous n'étions encore que des enfants, nous participions au ramadan !

Cependant, n'oublions pas qu'à cette époque, l'islam était très tolérant. C'était un islam insouciant, bonhomme. Nous n'en étions pas tourmentés. Si vous n'alliez pas prier, personne ne venait vous chercher, vous sortir de chez vous en vous disant : « Tu manques à tes obligations ! »

Aujourd'hui, c'est le contraire.

Lorsque vous précisez que, jusqu'aux années 80 environ, l'islam était très tolérant et très ouvert, évoquez-vous la religion de l'islam « appliquée en Algérie », ou la religion de l'islam en général, dans tout autre pays ?

Cette tolérance était effectivement vécue en Algérie, mais aussi dans le monde arabe en général.

Le problème de l'islamisation vient du fait que (depuis les années 80), l'islam est utilisé d'une manière politique, véritablement au sens d'une re-islamisation. Cette évolution vers une utilisation politique, qui a évidemment débuté il y a fort longtemps (à peu près depuis les années 20, en Égypte), a pris soixante années à se réaliser. Ce fut donc seulement dans les années 80 – notamment à partir de 1979, date du retour de Khomeiny en Iran – que, dans l'ensemble du monde arabe, l'islam est devenu l'une des clés de la compréhension du présent et de la compréhension des mutations sociales dans le monde arabe.

Auparavant, l'islam se vivait d'une manière pratiquement confidentielle, spontanée, joyeuse. Les gens se rendaient à la mosquée sans souci et sans ostentation, alors qu'aujourd'hui, cet acte simple est calculé ; les gens vont à la mosquée en sachant qu'il est impératif qu'ils y soient *vus* !

Pensez-vous que ce changement fondamental dans la manière de vivre au quotidien la religion de l'islam (contrainte qui n'existait pas auparavant) ait considérablement influencé les jeunes

d'aujourd'hui, qui, eux, ne sont plus dans la tentation d'une insolence positive pour alimenter leurs désirs : désir d'être, désir d'aller, désir de devenir, mais plutôt dans la violence ?

Cela est tout à fait possible, en ajoutant également la déréliction générale, l'anomie, l'absence de règles, l'absence de perspectives qui prévaut actuellement.

Sans qu'on le sache vraiment et qu'on le dise clairement, à l'époque de ma jeunesse, existaient des perspectives inimaginables, presque illimitées, pour la minorité. Il ne faut pas oublier que nous n'étions qu'une minorité à aller à l'école ! Et, au fil des années, évidemment, en progressant dans notre formation, notre vocation de minorité s'affermissait davantage.

Cette période a réellement connu un élan gigantesque du monde arabe, particulièrement de l'Algérie où une grande part du PNB était réservée à l'éducation des jeunes et des enfants. Cette priorité était un credo puissant qui devait être défendu, à la fois d'une manière étatique et d'une manière individuelle, au sein de chaque famille.

De nos jours, le changement le plus manifeste est cette islamisation forcenée, obligatoire, associée à l'impact prépondérant de la religion sur la politique, et le manque absolu de perspectives – l'école ayant cédé devant le poids de l'histoire.

On pousse les enfants à faire des études, à apprendre, mais pour rien !

Au final, on leur supprime l'idée même de tentation. Peut-être ont-ils encore l'irrévérence et l'insolence, mais ils ont perdu l'élan de la tentation...

Ils n'ont plus de désir. Le désir est scié à la base et, parfois, déraciné.

Et les jeunes assistent, impuissants, à cette amputation de la tentation, du désir, et des projets fous. Aujourd'hui, bien qu'étant analphabète, un vendeur « à la sauvette », de chaussures et de vêtements importés de France, gagne à peu près autant qu'un médecin qui a étudié jusqu'à l'obtention d'un bac + 7 ou bac + 9 ! C'est ainsi que l'on rencontre des gamins d'à peine vingt ans ou vingt-deux ans, au volant de grosses voitures.

Il n'y a plus de règles et l'effort semble inutile. Chez ces jeunes-là, on a tranché la veine du désir...

Si, aujourd'hui, j'avais leur âge, compte tenu de mon tempérament, je me battrais sûrement. Je ne suis pas quelqu'un qui « lâche le morceau », je combats – à ma manière évidemment, toujours avec la folie du rêve, la folie de celui qui affronte l'adversité pour la beauté du geste. Je n'aurais pas cédé à l'ultimatum de la *vox populi* qui, en substance, assène à tous les jeunes : « Restez dans votre coin ; ne vous en faites pas ; finalement il est facile de gagner de l'argent, pourquoi faire des études ! Les médecins sont des imbéciles, ils font sept années d'études après le bac pour gagner trois fois moins que vous ! »

Je crois que j'aurais résisté à la tentation malsaine de l'immobilisme. Me connaissant, j'aurais sûrement trouvé un moyen pour, malgré tout, exalter les différents côtés de ma personnalité.

Face à cette problématique, que pose la présence ou l'absence de désir, votre singularité n'est-elle pas d'avoir toujours été habité d'un puissant désir « d'être », quand les jeunes musulmans d'aujourd'hui semblent plutôt obsédés par un désir « d'avoir » ?

C'est exactement cela. J'ai résisté au désir d'avoir. Et cela, pour une simple raison, qui peut paraître surprenante : *l'avoir*, je l'avais déjà !

Je me souviens d'un épisode susceptible d'éclairer cette remarque. J'étais en classe de seconde et, un jour où je n'avais pas cours, j'entrai dans la salle de physique-chimie ; arriva notre professeur dans cette matière, un jeune enseignant alsacien qui eut l'air très étonné et me dit : « Comment se fait-il que tu sois seul ? Où sont tes camarades ? » Je lui répondis que mes camarades étaient en train de jouer dehors, ailleurs, mais que, personnellement, mes jeux étaient ici, dans la salle de chimie, avec les manipulations que je pouvais faire, etc. »

Mes camarades avaient les moyens nécessaires pour s'amuser au-dehors – ailleurs –, ils possédaient un *avoir* paternel, familial, pour cela.

Seulement, moi je possédais un *avoir* plus précieux encore : il était dans le *savoir !*

Mes jeux à moi s'étayaient dans ce rapport à la connaissance – bien que ce soit toujours de manière intuitive. Ce n'était pas réfléchi, calculé. À cet âge, je n'avais évidemment pas la conscience de cela. Ce n'est que bien plus tard que j'ai réalisé comment j'avais échappé à la tentation de l'avoir ; comment j'avais mentalement négocié le « non-avoir », qui a toujours été mon approche. Ma famille s'est souvent arraché les cheveux : « Avoir fait tant d'études sans courir après une rémunération ! »

Autrement dit, mon avoir était inclus dans le savoir, et le savoir me donnait à la fois l'avoir et l'être.

Puisqu'il semble extrêmement difficile de conduire la jeunesse musulmane d'aujourd'hui, à transformer directement leur « désir d'avoir » en « désir d'être », le savoir ne peut-il justement pas devenir le lien, le médiateur, l'étape, entre les deux ?

Absolument. Mais cela à une nuance près : le savoir a des exigences et je ne suis pas sûr que les jeunes d'aujourd'hui aient envie d'assumer le prix de cette exigence.

Qu'est-ce que « l'exigence du savoir » ? Ce sont, par exemple, des nuits de privations, des tentations auxquelles on ne peut pas céder ; autant de mouvements de liberté – si précieux pour les jeunes – qui se traduisent par le fait que lorsque vous avez envie de sortir d'un dortoir sombre pour aller faire une balade au bord de la mer, vous ne le pouvez pas ! Les jeunes de dix-huit ans ou vingt ans qui ne sont pas soumis à cette contrainte peuvent, en effet, le soir, emprunter la voiture de leur père, (ce que font beaucoup de jeunes du monde entier) aller faire un tour sur la plage, ou ailleurs, et s'offrir une glace avec une copine.

Moi je ne le pouvais pas...

Le savoir exige aussi un total abandon de soi, ainsi qu'une vraie confiance dans les enseignants, l'établissement scolaire, comme dans le projet de vie que l'on vous propose à travers la connaissance.

Pour ma part, j'ai vécu l'équivalent de ce que, en France, nous appelons « l'égalité par l'école ». Sans elle, je n'aurais eu aucune chance de posséder un quelconque « avoir » et d'échanger, d'égal à égal, avec ces autres enfants qui étaient dans la même classe que moi, alors que beaucoup étaient des « enfants de riches », détenant déjà une aisance dans la parole, une éducation grâce à leur famille – autant de privilèges qui m'étaient étrangers et qui me fascinaient.

Vous évoquez fréquemment l'influence capitale que les études – le savoir, la connaissance – ont eue dans la trajectoire de votre vie. Aujourd'hui, nous constatons à quel point le manque « d'avoir » et le manque « d'être » peut entraîner de nombreux jeunes vers l'extrémisme religieux. Vous-même (sans obligatoirement aller jusqu'à l'extrémisme), n'avez-vous pas eu, dans les moments les plus difficiles, la tentation de vous en remettre à Dieu, de laisser la religion de l'islam diriger votre vie ?

Cette interrogation, à propos du sacré, m'est venue plus tard. Je suis de ceux qui ont dit et écrit que les Arabes n'étaient pas aussi fatalistes que nous le pensons, qu'ils s'arrangent pour, plus ou moins, « organiser » cette fatalité – et je l'assume.

Mais, sans être fataliste, je crois qu'il existe *quelque chose* de l'ordre de la grâce (au sens religieux du terme) même dans les vécus spontanés – une transcendance.

Lorsque vous vivez spontanément, dans l'authenticité, lorsque vous êtes réellement authentique, vous vivez alors pleinement, avec conviction, votre univers profane et, à mon sens, Dieu est déjà présent dans ce cadre simple, c'est pourquoi le *sacré* s'y trouve également. Même lorsque j'étais plus jeune, je ne dissociais pas le sacré de ma vie quotidienne.

Chaque jour contenait du sacré.

Je vais même plus loin en affirmant que je n'ai pas besoin de la religion pour avoir droit au sacré ; le sacré peut s'exprimer ailleurs que dans la seule religion. Bien sûr, il peut aussi s'exprimer dans la religion – le problème n'est pas là –, mais, à mon sens, le sacré est bien plus ouvert, plus libre que cela. Il existe une ouverture au sacré plus imprévisible que celle que l'on nous désigne comme l'unique (ou la plus importante) voie : la voie de la mosquée, la voie de la religion.

Je crois que nous pouvons rencontrer Dieu partout, même s'Il est cet « Ordonnateur général » qui a fait que je suis un homme, c'est-à-dire un être vivant (au même titre que n'importe quel animal), avec l'incroyable complexité que cela suppose. Et, pour que cette rencontre ait lieu, la mosquée n'est pas indispensable.

Le lycée peut, aussi, devenir une mosquée, comme la bibliothèque, etc.

Le simple fait de vivre en communauté peut remplacer la mosquée, mais je comprends que d'autres puissent avoir besoin de mosquées pour communier avec Dieu – oui, je le comprends.

Lorsque vous étiez adolescent, croyiez-vous en Dieu ?

Oui. Aujourd'hui encore, de nombreuses questions m'obsèdent. Je suis un homme en quête, non pas seulement de Dieu, mais en quête de croyances, de la croyance en Dieu.

Je suis dans une quête qui relève du doute, du scepticisme, de l'incertitude, mais, face à ce Créateur qui ne veut pas s'annoncer et même, si j'ose dire, ne veut pas « se dénoncer », ma quête est permanente, actuelle et sans doute durable.

Dieu..., tout le monde parle de Lui, mais Il refuse de se nommer. Il est là, *derrière*... Nous sentons une présence, mais cette sensation est intuitive, viscérale, nous ne savons pas de quoi il s'agit exactement. Tant que Dieu ne se définit pas en annonçant : « Voilà, je suis Dieu, je me présente à vous », même si, bien sûr, le Christ s'est présenté comme le Verbe de Dieu et Mahomet a révélé une Parole divine, nous serons tous, plus ou moins, en quête de Lui.

En fait, étant né dans un milieu très croyant, au temps de mon adolescence, je *croyais* sans en être conscient, alors que maintenant, je sais en toute lucidité que je recherche la croyance en Dieu, sans perdre définitivement l'espoir de Le rencontrer.

Plus jeune, j'étais dans la croyance « sans le savoir », et aujourd'hui, je suis « dans le savoir », conscient que « la croyance n'est pas loin... ».

Autrement dit, ce que, dans mon enfance, je vivais d'une manière naturelle, inconsciente et sans interrogations particulières, je le vis, aujourd'hui, avec clairvoyance. Je suis parvenu à une maîtrise de ma vie d'adulte qui, paradoxalement, me rapproche beaucoup de l'incertitude de mon enfance. J'ai quitté le baroque pour le florentin, le tableau surchargé pour la pièce fine, la bure de laine pour la légère chemise de soie.

Pensez-vous que cette liberté de suivre le culte de la religion de l'islam ou non, de ne pas être contraint aux traditions, aux dogmes, vous ait justement permis d'avoir ce désir, cette quête personnelle, ce libre arbitre qui, en fait, a créé votre élan vers la vie elle-même ?

Oui. Pour être vraiment honnête, la religion n'a pas vraiment interféré dans mon parcours personnel ; néanmoins, je ne prétends pas que la « non-religion » fut un élément déterminant. Je ne me posais tout simplement pas la question en ces termes. L'islam était tellement pacifié et serein (au moment où je l'ai connu, enfant) que cela ne posait aucun problème, ni à moi ni à qui que ce soit d'autre. Ceux qui voulaient croire, prier, le pouvaient, mais personne n'avait l'obligation d'être à l'image des autres, personne ne subissait le diktat d'un théologien fondamentaliste ou réactionnaire.

De plus, le fait que j'ai été privé de famille (je suis un *sans famille* par excellence) est un des facteurs de ma liberté face à la religion, car le clan familial ainsi n'a pas pu avoir sur moi de conséquences majeures, mais seulement un impact de sens.

Ma famille, c'était la communauté du lycée ; communauté qui symbolisait l'être humain en général.

Si j'avais vécu au sein d'une famille traditionnelle, peut-être aurais-je suivi le mouvement d'ensemble : j'aurais fait mes prières, j'aurais accompli les rituels normalement, sans me poser trop de questions.

Seulement, lorsque l'on est interne dans un lycée, on ne vous impose pas de faire les cinq prières quotidiennes. J'étais dans un lycée d'État, un établissement où seul le savoir était essentiel, la clé pour le futur.

Ce sont donc ces éléments confluents qui ont permis de m'affranchir de toutes sortes de contraintes, y compris institutionnelles. Et, par la suite, ce fut de ma propre initiative que je me suis interrogé, que je me suis posé *LA* question.

Comme nous l'avons déjà évoqué, dans votre ouvrage* Le Sujet en islam[1] *vous notez à quel point la famille peut être oppressante, et même anthropophage, au point d'empêcher toute réalisation individuelle en son sein.

La tradition religieuse, transmise par les ascendants de manière contrainte et forcée, entre-t-elle aussi en ligne de compte dans le fait que la famille elle-même entrave l'avènement du sujet individuel – entrave que vous n'avez pas eu à subir puisque, ainsi que vous le dites, vous étiez « sans famille » ?

Oui, certainement. Cependant, s'il est possible de faire une analyse globale de l'ensemble des vecteurs qui permettent ou non l'émergence du sujet, dans la société arabo-musulmane, dans la société maghrébine, dans la société algérienne, dans ma famille, etc., à mon sens, nous ne pouvons pas appliquer cette analyse à chaque cas personnel. Un même argument ne peut valoir pour tous.

Par exemple si, en ce qui me concerne, l'absence de famille m'a permis de m'épanouir, d'autres que moi se sont justement épanouis parce qu'ils avaient une famille qui les soutenait, qui pourvoyait à leurs besoins, leur épargnait les soucis matériels, au quotidien comme pour leur avenir à court ou moyen terme. Ces enfants-là n'avaient pas le tourment de se demander où ils iraient dormir si le lycée fermait...

Le phénomène est donc assez complexe car une multitude de facteurs peuvent expliquer l'autonomie ou non d'un individu dans le cadre collectif. Toutefois, il reste clair que le

---

1. *ibid.*, p. 20

dogme n'est pas favorable à l'émergence du sujet, au moins au sens occidental du terme.

Évidemment, dans mon cas personnel, le fait de ne pas avoir eu de famille castratrice m'a permis de voler rapidement de mes propres ailes. Certes, au début, j'ai « *morflé* » plus que d'autres mais, comme j'ai toujours possédé un tempérament terre à terre, fonceur – mon signe zodiacal est « taureau » – (rires), je crois que c'est justement cela qui m'a toujours poussé à aller plus loin, à apprendre comment contourner les obstacles, à être pragmatique.

D'ailleurs, je pense souvent que ceux qui, aujourd'hui, sont étonnés de mon évolution, ignorent qu'en réalité, ce sont les épreuves et les difficultés qui m'ont permis de m'améliorer. Si je dois franchir un obstacle immense, pour le contourner, je développe alors une énergie titanesque dont j'ignore l'origine. C'est assez mystérieux...

En revanche, si je me trouve sur un terrain plat, un marécage, je panique, car je n'ai plus rien à combattre, je n'ai plus d'opposition sérieuse qui m'offre les possibilités de me surpasser.

Depuis mon enfance, ce sont les obstacles qui me forment, et non les facilités. Mon enfance a toujours été une suite de victoires sur des oppositions. Mais une seule victoire (une seule !), remportée face un important problème, prodigue la méthode, la manière, pour ensuite affronter et vaincre quasiment n'importe quelle adversité.

Au final, même si cela peut sembler curieux, ma plus grande chance fut d'être, très tôt, obligé d'apprendre à conjurer (seul) d'immenses difficultés. Je devrais écrire un livre sur l'art de transformer l'hostilité en aubaine, de créer du positif à partir de situations désespérées.

Chapitre 2

L'OPACITÉ DES MOTS ET LA FRAGILITÉ DES ÊTRES

Malentendus et conséquences

« Il y a au milieu de vous quelqu'un que vous ne connaissez pas. »

Évangile selon MARC.

Nombre de mots reviennent dans notre conversation, mots qui (notamment depuis le 11 septembre 2001) sont fréquemment entendus et utilisés par les Occidentaux, sans que leur définition soit, pour autant, toujours claire. Même si cela peut paraître étonnant, il semble que la signification exacte du mot « Arabe » reste assez obscure pour les Occidentaux, et véhicule souvent une connotation péjorative. Est-ce votre sentiment ?

Oui, tout à fait. Or il n'y a aucune raison ni objective ni subjective, pour que le mot « Arabe » soit péjoratif.

Avant tout, le terme « arabe » signifie un lien linguistique.

La définition la plus explicite, la plus sommaire, mais également la plus complète, pourrait être : « est *Arabe* celui qui parle arabe ».

En effet, pour parler arabe, encore faut-il apprendre cette

langue, qui est loin d'être simple et rudimentaire. La langue arabe est, au contraire, très riche, à multiples tiroirs, composée d'une conjugaison extrêmement compliquée, d'une syntaxe luxuriante et d'un vocabulaire fastueux. Par exemple, pour dire « je t'aime », exprimer les états d'âme de l'amour (je t'aime le matin, je t'aime le soir, je t'aime comme ci, je t'aime comme ça), les lettrés arabes disposent de cent mots différents pour le dire.

N'oublions pas que la civilisation arabe remonte à plus de vingt siècles, et que certaines poésies arabes, bien antérieures à l'arrivée de l'islam, sont encore apprises et récitées par cœur aujourd'hui ! Vingt siècles... Imaginez-vous : pour la France cela correspondrait au temps des Gaulois et de la première christianisation.

Et, encore de nos jours, dans certains milieux, les hommes récitent des hémistiches de poèmes anciens, pré-islamiques, pour séduire une belle. D'autre part, si, en premier lieu, le terme « arabe » signifie bien la pratique d'une langue spécifique, issue d'une civilisation de plus de vingt siècles, il englobe aussi une culture. Évidemment, le monde arabe a l'islam comme ciment principal, mais il existe également ce lien véhiculaire qu'est la langue arabe ; lien qui a permis l'émergence d'un certain nombre d'œuvres magnifiques et universelles. Par exemple, « *Les Mille et Une Nuits* », « *Le Canon de la médecine* » d'Avicenne, « *Le Collier de la Colombe* » d'Ibn Hazm l'Andalou, et encore d'autres ouvrages comme « *Le Livre des chansons* » de Al-Isfahani, « *Les Prairies d'or* » de Mas'ûdi ; autant d'œuvres majestueuses, dans lesquels Dante, Victor Hugo, et d'autres auteurs de renom ont puisé.

Pour autant, il est malheureusement exact que le mot « arabe » est devenu d'un emploi péjoratif, mais il convient de noter que cette dérive n'existe que depuis que le monde arabe est pointé du doigt, mis à l'index. Les causes de cette mise à l'index ayant vu le jour à partir du moment où les Arabes ont possédé et exploité leur propre pétrole, depuis qu'ils ont cherché à se libérer de l'emprise économique occidentale, qu'ils ont repris leur indépendance par rapport à la colonisation et, bien sûr, depuis qu'ils exportent leur révolution islamique, ce qui n'est pas du goût de tout le monde – pas même du mien d'ailleurs.

Peu à peu, la notion dépréciative liée au mot « arabe » a pris le dessus, notamment en France, où vivent des millions d'Arabes qui se sentent honteux de l'être car, d'une part, ils ne sont pas nés dans un pays arabe et, d'autre part, leurs parents n'ayant été que de simples ouvriers, eux sont alors uniquement considérés comme « des fils d'ouvriers »...

Par conséquent, ce qui est jugé de manière péjorative, c'est en grande partie le milieu social, l'origine familiale, le « pedigree », et non pas la langue, le fait d'être Arabe !

Il est surprenant de constater que, contrairement à « européen », par exemple, le mot « arabe » ne véhicule aucune indication de lieu de naissance. Pourquoi ?

C'est exact, et cela parce que toutes les notions concernant l'Islam et le monde arabe sont des notions transnationales, trans-frontières.

Est Arabe celui qui parle arabe, de l'Euphrate jusqu'à l'Atlas. Alors que, pour les Berbères, cela se limite au Maghreb, dans une ou deux régions bien localisées. Il en est de même pour les Touaregs, où ne sont concernées que deux ou trois ethnies, et pour le fait de parler nubien, qui est limité à la haute Égypte, quand la langue arabe s'étend de l'Atlantique jusqu'au Golfe Persique. C'est tout de même fantastique !

De plus, la langue arabe est aussi la langue du Coran. Aujourd'hui, dans le monde entier, l'intégralité du Coran est dite en arabe, apprise en arabe, récitée en arabe. Comme jadis, au temps de l'Église romaine, le latin était la langue de la Bible pour la chrétienté.

Ainsi, « être Arabe », comme le simple mot « arabe » ou « la notion d'arabité », est un concept éminemment culturel, historique, spirituel et, en aucun cas, les Arabes d'aujourd'hui ne doivent se sentir honteux d'être Arabes. Ils peuvent se sentir honteux d'être ignorants, incultes, violents, etc., si tel est le cas, mais non pas honteux d'être Arabes car c'est une chance extraordinaire d'appartenir à une telle civilisation, qui a donné ses lettres de noblesse à tant de disciplines.

D'une manière générale, qu'entend-on par l'expression : « le monde arabe » ?

« Le monde arabe » est, d'une part, l'ensemble des pays qui parlent la langue arabe et, d'autre part, ceux qui ont adhéré et participent à la *Ligue arabe*, et qui, de ce fait, sont devenus Arabes à 100 %. Autrement dit, institutionnellement, « le monde arabe » regroupe tous ceux qui se reconnaissent dans le concept d'arabité, et qui estiment la langue arabe comme le véhicule unique, commun, à toutes ces nations, à tous ces peuples. Toutefois, « le monde arabe » entend également l'existence d'un lien par des traditions : la tradition du verbe, la tradition de l'hospitalité, etc..

De plus, comme 90 % des Arabes sont musulmans, ils partagent donc aussi un certain nombre de valeurs religieuses.

En réalité, l'intégralité du monde arabe partage un territoire commun, et cette continuité territoriale s'est opérée grâce à la religion, grâce à l'expansion de l'islam.

Par exemple, l'Arabe, au Maghreb, n'aurait été qu'anecdotique s'il n'avait été que le produit d'une colonisation d'un siècle. Seulement, il se trouve que le Maghreb est le produit d'une islamisation de plus de treize siècles ! Treize siècles de présence musulmane au Maghreb ont fait que le Maghreb est réellement devenu arabe ; il est berbérophone, mais également arabophone.

Être Arabe est souvent le fruit du croisement entre une culture autochtone locale suffisamment permissive pour recevoir l'islam et accepter son empreinte linguistique et culturelle – ainsi la langue arabe qui était la langue vernaculaire du Hedjaz, en Arabie, est devenue le vecteur de l'islam.

Un pays d'Afrique noire islamisé fait-il partie du monde arabe ?

Pas du tout. Comme je le disais précédemment, n'appartiennent au monde arabe que les vingt-deux pays ayant adhéré à la ligue arabe. Ils s'étendent de la Mauritanie jusqu'au Maroc, au Soudan, à la Somalie, à Djibouti, bien sûr l'Égypte, mais aussi l'Irak, l'Arabie Saoudite, le Qatar, l'Oman, les pays du Golfe, le Liban, la Syrie, la Palestine, la Jordanie, l'Algérie, le Maroc, la Tunisie, la Libye, etc. Ces pays-là composent le monde arabe.

Quant aux autres pays, ils ne sont pas arabes, mais africains ou asiatiques. Par exemple, bien que les Iraniens soient musulmans, ils ne sont pas pour autant Arabes, de même pour la Turquie qui, bien qu'ayant eu un califat ottoman, n'appartient pas au monde arabe.

Dans la plupart des cas, les mots « arabe » et « musulman » sont jugés comme des synonymes et donc confondus.
Qui est Arabe et qui est musulman ?

Est Arabe celui qui parle arabe. Est musulman celui qui croit en Dieu, Allah, qui adhère à la religion préconisée par le prophète Mohammed au VIIe siècle.

Parmi les musulmans du monde, 80 % d'entre eux ne parlent pas arabe. Néanmoins, dans le domaine de l'islam, les Arabes ont une charge symbolique plus forte, car le Coran est né en langue arabe. Le Coran précise : « Je suis révélé dans cette langue, l'une des plus pures ». Cette équation de la naissance du Coran en langue arabe a offert aux Arabes un impact psychologique et symbolique plus puissant, mais, pour autant, les Indonésiens sont plus nombreux que tous les Arabes réunis. S'il y a, en effet, vingt-deux États arabes, il existe cependant cinquante-six pays musulmans, dont l'Indonésie, ou encore l'Iran qui est le plus grand rival des Arabes (notamment de l'Arabie Saoudite) dans le domaine de l'hégémonie musulmane, sans être arabe, mais persanophone.

Un autre exemple : le Nigeria est un grand pays musulman, non pas arabe mais africain qui, pourtant, applique la *charia*, la loi religieuse la plus rigoureuse (ce que l'Algérie, le Maroc, ou la Tunisie, pays arabes ***et*** musulmans, ne font pas).

Certains territoires sont donc joints par la religion et disjoints par la langue, ou encore, joints par le territoire et disjoints par les cultures et la pratique.

En résumé, ainsi que je l'ai déjà dit, est Arabe celui qui parle arabe, et est musulman celui qui croit en la religion de l'islam. Évidemment, un grand nombre d'Arabes sont musulmans –, ils sont, à la fois, Arabes et musulmans –, mais il reste que certains Arabes ne sont pas musulmans et que la plupart des musulmans ne sont pas Arabes.

La différence entre la culture arabe et la culture musulmane, est-elle essentiellement d'ordre religieux ?

Pour ce qui est de la culture, je crois qu'il y a une diffusion beaucoup plus importante que les notions de territoires ou de peuples. La culture, elle, s'est infiniment (et uniformément) diffusée au temps du califat, au temps des empires – car il ne faut pas oublier qu'à une certaine époque, le monde musulman était composé d'empires appelés « Califats ». Nous sommes dans le même cas de figure que celui de l'empire romain, qui a diffusé la culture romaine partout où il est passé.

Ainsi, la culture est trans-frontières. Par exemple, certains pays, qui ne sont pas de souche arabe mais sont néanmoins musulmans, sont, par certains côtés, imprégnés de culture arabe, puisque l'islam est, en premier lieu, né dans un foyer de culture arabe. Par exemple, la poésie est une culture de l'oralité qui fut, dans un premier temps, bédouine, ensuite arabe, puis musulmane.

En fait, le verbe, le rapport au verbe, c'est-à-dire au Coran (on parle du Coran comme étant le Verbe par excellence, le verbe le plus abouti), est né en langue arabe, en Arabie, puis s'est propagé partout. Il est devenu le même verbe dans les pays arabes qu'en Bosnie, ou dans les pays de l'Europe du Centre qui, actuellement, se ré-islamisent, ou encore au Turkménistan, au Tadjikistan et ailleurs. Du fait que ce verbe soit le même pour tous, la culture devient transversale et (ce qu'elle est déjà par vocation) universelle.

D'ailleurs l'Asie – l'Asie du sud-est et l'Asie musulmane en général – fut islamisée uniquement par le biais de la culture. Il n'y a jamais eu un coup de feu tiré, une quelconque croisade engagée, ou des chevaux et leurs cavaliers arabes envahissant des contrées, sabre au poing, pour imposer l'islam aux autochtones.

Par conséquent, près des deux tiers des musulmans furent islamisés par la seule puissance de la conviction, alors que nous ne retenons que le dernier tiers des musulmans qui, eux, il est vrai, furent islamisés à la force du sabre. Nous pouvons citer l'Afrique et l'Asie, qui, aujourd'hui, sont les plus grands foyers musulmans, et ne le sont devenus que sur le long terme et grâce au bon exemple donné par les musulmans venus les islamiser.

Entre « l'Islam » et « la religion de l'islam », une certaine confusion subsiste. Existe-t-il une différence et comment la percevoir ?

Il est vrai que personnellement, il m'arrive d'utiliser le même mot « Islam », que je parle de la *religion* musulmane ou de la *civilisation* musulmane. Cela dit, si la religion est, évidemment, très importante, elle ne fait pas le tout de la civilisation – la civilisation musulmane est plus vaste. Il existe aussi un monde laïc et païen en Islam : une civilisation du vin, une civilisation de la rose, une civilisation du sexe, une civilisation de la poésie et de la controverse poétique ou philosophique. Voilà un aspect totalement païen de la civilisation musulmane, qui n'a rien à voir, ou si peu, avec la religion. Puis, à l'intérieur de cette vaste architecture, on trouve l'islam en tant que dogme, en tant que religion et pratique religieuse.

En fait l'Islam a réussi la performance de ne jamais isoler les êtres les uns des autres, de ne jamais cliver les rapports des personnes avec leurs croyances, leurs pratiques, leurs rêves, leur imaginaire. Nous pouvons représenter cela comme une sphère au sein de laquelle sont réunis tous les thèmes : la religion, la langue, le voyage, la guerre, l'amour, la beauté. Tout.

D'une certaine façon, l'Islam ne serait donc ni un lieu ni un état d'esprit, non plus qu'une religion, puisque le terme « Islam » semble contenir la religion et non la définir ?

Il est vrai qu'il convient de pouvoir différencier les deux utilisations du mot « islam ». Souvent, nous écrivons « islam » avec une minuscule quand il s'agit de la religion, et « Islam » avec une majuscule quand il s'agit de la civilisation musulmane. C'est ce que je choisis en ce qui me concerne, même si, fréquemment, par souci de rapidité et de simplicité, la plupart utilisent *islam* avec une minuscule, pour désigner, à la fois, la religion et la civilisation musulmane ou islamique, ou encore les pratiques musulmanes.

D'autre part, j'essaie d'être encore plus précis. Lorsque, par exemple, je parle de « tradition islamique », cela concerne les choses inanimées, mais lorsque j'évoque les êtres vivants j'utilise le mot « musulman ». Je parle de la « population musulmane », et non de la « population islamique ». Une « population islamique », cela n'existe pas ! Le terme *islamique* ne concerne que, par exemple, l'architecture (architecture islamique), l'enluminure ou la calligraphie islamiques. Pour encore mieux illustrer cela, nous pouvons parler de médecine islamique mais non de médecine musulmane, en revanche le médecin, lui, sera un médecin musulman et non un médecin islamique.

En clair, le médecin est musulman et sa pratique est islamique, car sa pratique est une chose inanimée.

À propos du mot « islamique », là encore une dérive de langage existe, et est même devenue coutumière ces derniers temps (du moins chez les Occidentaux) : lorsqu'un Européen pense « Arabe », il pense « musulman », et lorsqu'il pense « musulman », il pense « islamiste ». N'est-ce pas un raccourci préjudiciable ?

Oui, absolument. C'est une terrible erreur qui nous coûte très cher. Ce dérapage dans les mots prouve que l'islam (l'islam tout comme l'Islam) n'est pas connu, les gens ne font pas le nécessaire pour le connaître et, d'une certaine façon, ce dérapage linguistique leur permet de mieux s'en protéger, car ils en ont peur. Personnellement, je pense que c'est une terrible méprise de confondre : islam – musulman – islamiste – intégriste – fondamentaliste !

Il y a tant d'états qui séparent ces mots...

Le pire n'est-il pas que les Occidentaux assimilent directement le mot « Arabe » à « terroriste » ?

En effet ! Islam = Arabe = terroriste, c'est comme si vous disiez, toute mesure gardée, de l'abbé Pierre qu'il est chrétien catholique, donc fondamentaliste, donc membre d'une secte anti-IVG.

Encore une fois, je le répète, sont Arabes ceux qui parlent la langue arabe, parce qu'ils sont amoureux de cette langue, parce qu'ils sont nés dans un pays arabe. Puis, sont musulmans ceux qui croient en une religion qui s'appelle l'islam (avec une minuscule...), avec ses pratiques, son dogme, etc. Et, je l'affirme, un musulman est aussi doux qu'une rose qui vient d'éclore. Aucun musulman, (pour peu, bien sûr, qu'il soit un vrai musulman et non un voyou), ne peut faire de mal à qui que ce soit, ce serait intolérable.

Par conséquent, il ne peut, en aucun cas, être confondu avec un terroriste.

Maintenant que signifie « islamiste », qu'est-ce qu'un islamiste ?

Un islamiste est quelqu'un qui utilise la religion qui se nomme l'islam à des fins politiques. Il n'est donc plus seulement un homme de religion, un homme d'église, un homme de pratique, de foi, mais également un *militant politique*. Un musulman devient islamiste quand il utilise la religion dans une visée politique de re-fondation du monde, de conflit avec les autres, de prise de pouvoir, etc. Autrement dit, il utilise l'islam (qui est une pratique rituelle, cultuelle, très précise), à des fins de pouvoir humain.

Ensuite nous trouvons le terme « fondamentaliste ».

Un fondamentaliste est ce même islamiste qui, lui aussi, utilise la religion à des fins politiques, mais cette fois lui ajoute une idéologie précise, selon laquelle le seul islam valable est celui des origines, celui du Prophète et de ses compagnons.

Or, nous avons là une double erreur. La première erreur se situe au niveau du temps : quatorze siècles s'étant écoulés depuis, en aucun cas nous ne pouvons être comme le Prophète et ses compagnons – même en le désirant, même en recherchant un mimétisme parfait !

La seconde erreur est une erreur d'histoire. En effet, déjà au temps du Prophète lui-même, un des sujets de discussions était le fait qu'il y ait « les bons et les mauvais musulmans ». Il existait les fondamentalistes et les non-fondamentalistes, les musulmans *tièdes* (d'ailleurs le Coran en parle), et les *accros*, les musulmans fanatiques.

Toutefois, tant que les fondamentalistes croient en cela pour eux-mêmes, c'est leur affaire ; entre eux ils peuvent faire ce qu'ils veulent. Certes, c'est un peu sectaire, mais c'est leur problème... L'essentiel est qu'ils ne cherchent pas à l'imposer aux autres.

Seulement, viennent à la suite les « intégristes » et les « terroristes ».

Les intégristes composent la frange minime des fondamentalistes qui, non seulement, appliquent les règles du Coran en vigueur au Ier siècle, mais qui, de plus, veulent les imposer. L'intégriste part du principe que, lui, est dans la vérité, et qu'il doit nous l'imposer, faute de quoi il serait un mauvais musulman ! Face aux intégristes, ce sont, bien sûr, les musulmans qui sont en première ligne, qui payent le prix de cette pensée sectaire.

Enfin, en bout de chaîne, se trouve le terroriste.

Le terroriste est habité d'une idéologie intégriste tellement dominante qu'il passe à l'acte et devient alors dangereux. Il prend les armes et il tue, il assassine... En clair, il dérape complètement ! Il entre dans une sorte de folie, de folie de la pureté qui n'existe pas, qui n'a jamais existé et qui n'existera jamais.

Nous comprenons donc bien qu'il existe de multiples personnalités dans l'islam et, parce que tous les croyants prient au même endroit, le musulman modéré qui va à la prière peut malheureusement rencontrer le fondamentaliste, lequel fondamentaliste peut rencontrer l'intégriste, etc. Tous peuvent se retrouver dans un même lieu, dans un même temps, bien qu'ayant des visions totalement différentes de la même religion.

L'islam est un, mais les musulmans étant avant tout des êtres humains, ils sont de fait très différents les uns des autres, au point qu'aucune définition de l'islam (du moins concise) ne peut être donnée.

Pour autant, le dogme musulman reste le même pour tous. Il n'a jamais prêché pour la violence, à l'égal de toutes les grandes religions.

En quoi l'islam est une grande religion ? Parce que l'islam est une sagesse qui dure et perdure dans le temps, depuis quatorze siècles. Mais, pour mériter ce nom de « Sagesse » il ne faut pas appeler à la mort de quelqu'un ! Sinon ce n'est plus de sagesse qu'il s'agit mais de fanatisme, un réductionnisme désastreux.

L'islam n'est grand que parce qu'il appelle et prêche *la tolérance*, et non par les « guerres saintes » qu'il a menées. C'est une aberration que de prétendre mener une « guerre sainte ».

Une guerre est une guerre – elle n'est jamais sainte !

En aucun cas, elle ne peut être qualifiée comme telle. Même une guerre qui militerait pour l'établissement du règne de Dieu. Si Dieu existe (là on effleure le doute, sur lequel nous reviendrons...), si Dieu est Dieu, il n'a pas besoin d'une histoire sanglante, d'une guerre où les êtres humains s'entretuent entre eux. Dieu n'a pas besoin de ce « repas totémique » et de cette odieuse mise à mort de Sa création pour être vénéré.

À propos du mot « djihad » (un mot qui court sur toutes les lèvres et qui effraie) qui, justement, évoquerait la guerre sainte, n'y a-t-il pas un abus de sens, puisque, à l'origine, ce terme signifierait plutôt « une guerre contre soi-même », contre l'ego ?

C'est tout à fait exact. *Djihad* est le type même de mot bivalent, complexe. D'un côté, il signifie bien un effort (une guerre) contre soi, contre ses passions, contre ses débordements, contre les tentations de l'âme et, d'un autre côté, il signifie : « un effort mené dans la voie de Dieu », l'effort de mener la parole de Dieu sur tous les fronts, par tous les moyens, y compris celui de la guerre.

Néanmoins, autant cette seconde interprétation pouvait être valable (avec les réserves que j'ai émises pour l'expression *guerre sainte*) au temps du Prophète, autant, de nos jours, cette validité n'est plus de mise. À son époque, le Prophète expliquait ce qu'était l'islam et, en effet, imposait sa religion aux païens. Je précise « aux païens » car, en revanche, il trouva immédiatement un terrain d'entente avec les juifs et les chrétiens d'Arabie, afin de ne pas leur mener la guerre, en leur disant : « Vous, vous croyez au même Dieu que nous. Vous avez vos propres Livres, mais vous militez pour le même Dieu que nous, je ne vous ferai donc pas la guerre ».

Il y avait ainsi un consensus de non-guerre entre les trois religions du Livre. Comme quoi, depuis le début, il existait une solidarité surprenante entre les religieux. Ils se sont toujours soutenus et étaient tous en accord pour mener la guerre aux païens, aux hérétiques, aux mal-pensants.

Et, en effet, l'islam, sous la direction du Prophète, a mené la guerre aux tribus païennes qui contestaient la divinité de son message. Seulement, quand l'islam s'est installé dans ses territoires les plus ultimes, par exemple, l'Andalousie, il n'y avait plus aucune raison de l'imposer par les armes. Je ne vois pas en quoi l'Andalousie pouvait être considérée comme une terre païenne puisqu'elle était habitée par des chrétiens !

Nous sommes bien dans les ambiguïtés de la lecture d'un texte, où chacun le lit comme il l'entend, comme cela l'arrange.

D'ailleurs certaines aberrations vont encore plus loin, puisque, lorsqu'un gouvernant a besoin de faire la guerre à une autre tribu pour s'approprier son territoire, bien que cette tribu soit déjà musulmane, le gouvernant parle néanmoins de « guerre sainte » !

Ce n'est pas sérieux ! Il faut mettre un terme à de tels agissements !

Ce ne sont que des affaires d'hommes, n'ayant aucun rapport avec Dieu.

Aucune guerre n'est sainte et ne le sera jamais !

Chapitre 3

L'ESPRIT DU DOUTE ET SON POUVOIR CRÉATEUR

Du « Nous » au « Je », la traversée vers soi

> *« Dieu a établi l'âme dans la libre détermination d'elle-même, en sorte qu'il ne veut rien lui imposer au-dessus de sa libre volonté, ni exiger d'elle quelque chose qu'elle ne veut pas »*
>
> Maître ECKHART (1260-1327)

À travers ce que vous avez précédemment évoqué de votre enfance et de votre adolescence, nous avons retenu que les événements (heureux ou malheureux) qui ont jalonné ces années se sont produits, quasiment, malgré vous et que vous les viviez de manière plutôt instinctive.

Seulement, parvenu à l'étape des études universitaires (donc jeune adulte), quel regard avez-vous porté sur la société dans laquelle vous viviez ?

Avant tout, j'aimerais relever plusieurs mots, dans ce que vous venez de dire, qui me semblent importants. Vous évoquez l'instinct et, à mon sens, l'instinct est une forme d'intelligence animale. D'une certaine façon, c'est aussi une forme de dérision ou, du moins, l'encadrement d'une dérision. Ce qu'on appelle « instinct » est une élaboration qui se construit à l'intérieur de soi et qui s'exprime, justement, par des mécanismes d'évitement et d'anticipation, de précaution ou de *flair*, qui permettent de ne pas poser sur le monde, sur la réalité, un regard totalement soumis.

Cela, tout en étant d'une innocence totale, car pour être passionné il faut être innocent. Il est donc vrai qu'une dimension de ma personnalité m'alerte en permanence sur la dérision de certaines réalités, comme sur les vanités du monde.

Le fait d'avoir passé une enfance assez chaotique et troublée m'a permis de m'armer face au défi que me posait la connaissance – le grand défi de ma vie –, ou, plus exactement, m'a permis de parvenir à réduire, chaque jour un peu plus, mon ignorance.

La connaissance est une notion tellement absolue, tellement immense... Elle m'effraie un peu. Je ne crois pas être un « connaissant », je suis simplement un homme qui essaie chaque jour, à son corps défendant et avec les moyens qu'il possède, d'être moins ignorant que la veille.

La grâce de cette chose qu'on appelle la connaissance ou le savoir, c'est qu'elle est hors du temps, elle n'a pas d'âge. Elle offre la possibilité de toujours remettre en question ce que l'on sait. Personnellement, c'est la psychanalyse qui m'a aidé à remettre en question ce que je sais, à toujours relativiser, toujours poser un doute à côté d'une certitude. Elle m'a appris qu'une certitude ne vaut que par le doute qui l'accompagne et, mieux, qu'il ne peut y avoir de certitude que dans la mesure où elle est côtoyée par un doute.

À mon sens, le doute est plus grand que la certitude. Le doute me permet d'avancer plus que la certitude ; il est un compagnon fidèle, tellement fidèle qu'il est devenu une seconde nature. Je crois que je n'aurais pas fait toutes ces études si j'avais été *certain* de ce que je savais.

Comment cela s'est-il passé pour vous lorsque vous avez compris la prééminence du doute comme outil de connaissance, alors que vous viviez dans un pays musulman, au sein des traditions et coutumes musulmanes qui, ainsi que nous le savons, ne prêtent guère le flanc au doute, et même érigent certaines certitudes en évidences ?

Cela s'est relativement bien passé car, de l'extérieur, les gens n'imaginent pas les affres dans lesquelles le doute vous plonge, ils n'imaginent pas et ne comprennent pas la violence du doute et encore moins sa présence. À leurs yeux il était évident que j'avais les mêmes certitudes que les leurs. Ayant baigné dans le même dogme qu'eux, j'étais donc acquis à ce dogme, sans distance, sans contestation, sans rémission et sans violence. Ils ne voyaient de moi qu'une image extérieure. Les musulmans ne conçoivent même pas que l'on puisse douter, notamment douter aux dépens d'une religion qui vous prive du doute... !

Pourtant, par certains côtés, l'islam encourage largement la singularité dans le domaine de la culture, il permet de faire des traversées culturelles, des traversées intellectuelles, de faire de la philosophie, des mathématiques, etc., autant de disciplines qui poussent au doute. L'islam y consent, au nom de la science, au nom du savoir, mais pas les musulmans (pas tous, bien sûr !).

En quoi Dieu est-il grand ? Dieu est grand par le doute qu'Il me permet d'exercer à Son égard, sans que je sois châtié pour cela. Seul l'autocrate me punit lorsque je désobéis. Dieu ne peut être, à la fois, grand et petit, terrible dans Son châtiment et généreux dans Son amour. Dieu ne peut me punir, car Il serait alors à mon niveau. Le doute pascalien n'est pas une offense à Dieu, mais un exercice éminemment philosophique, un exercice de la pensée humaine.

Comme vous nous le disiez, à l'époque de votre enfance et de votre adolescence, l'islam était très modéré et tolérant, ce qui ne semble plus être le cas de nos jours. Cette politisation de l'islam lui a-t-il fait entièrement perdre cette ouverture et cette bienveillance ?

Oui, malheureusement. L'islam a, en effet, perdu une part de son enfance. L'islam a grandi trop vite, et non pas uniquement dans ses beautés. Par exemple, au Moyen Âge, en Andalousie, l'islam était tolérant. Les musulmans, les juifs et les chrétiens vivaient les uns avec les autres, se respectaient et travaillaient collectivement, dans les mêmes *diwans*. Ils créaient des œuvres mémorables et, de plus, dans la même langue : l'arabe. Même les juifs écrivaient en arabe. Une telle ouverture dans la religion est remarquable. C'est pourquoi il est d'autant plus dramatique de voir l'islam régresser, au point de devenir handicapant et restrictif à beaucoup d'égards.

Cette capacité et cette possibilité que vous avez eues d'accéder à la remise en question, à l'ouverture de l'opinion personnelle, pour devenir un sujet singulier et non plus seulement collectif, cela est-il encore possible aujourd'hui ?

Oui, je le pense car, paradoxalement, c'est mon histoire privée, personnelle, et non pas mon histoire intellectuelle, qui m'a poussé à être un sujet singulier. Cette capacité m'est plutôt venue du fait que j'ai été, d'une certaine façon, abandonné. J'ai vécu sans père et très tôt, vers l'âge de treize ans, je fus, d'une part, responsable de mon frère cadet et, d'autre part, j'ai dû apprendre à faire face à mes responsabilités. Pour vivre en communauté, dans un établissement secondaire, un centre de vacances ou lors de voyages, il faut savoir prendre des décisions et s'y tenir, il faut savoir défendre son univers, son territoire. J'ai ainsi été, très jeune, mis dans l'obligation de faire des choix et d'en assumer la responsabilité ; j'ai été contraint de douter des instruments que je mettais en œuvre et, par conséquent, le doute est venu, spontanément, de l'exercice du « désir d'être ».

Cela signifie-t-il que les jeunes musulmans d'aujourd'hui, élevés dans les traditions et coutumes de l'islam, n'auraient accès à cette capacité de penser par eux-mêmes et de douter, que s'ils sont nés et ont vécu dans des conditions catastrophiques et traumatisantes ?

D'une certaine façon, oui. Il faut qu'ils soient en rupture avec le « bien-pensé » de leur époque, le « bien-pensé » de la famille, en rupture également avec ce que leur famille pensent d'eux et, bien sûr, avec ce qu'eux-mêmes pense d'eux-mêmes... Se délester de tous les *a priori.*

Si le jeune n'est pas en rupture avec ces points précis, s'il n'est pas dans un rapport de dérision, il ne peut accéder à une autonomie de pensée lui permettant d'être véritablement un sujet singulier.

Sans doute, pourrait-il aussi tendre vers le sujet singulier par l'humour, tout en respectant et en conservant le cadre familial, social et religieux, comme une référence absolue, sans jamais le transgresser. Seulement, il est évident que pour avoir à transgresser le cadre, encore faut-il que ce soit utile ! Il ne s'agit pas de transgresser pour transgresser. Je ne suis pas là pour faire l'apologie de l'inutile ; en ce qui me concerne, j'essaie de faire l'apologie du bon, du vrai et du meilleur.

Autrement dit, afin de pouvoir être dans une transgression utile et nécessaire, il faut être en situation de rupture, il faut ne plus avoir d'autres choix ; rupture par rapport à un thème philosophique, à un établissement universitaire ou scolaire, à sa famille, à soi-même.

Un exemple : lorsque j'étais à l'université, je m'étonnais que des étudiants (des jeunes hommes) puissent penser que la femme doit parvenir vierge au mariage, lorsque eux-mêmes ne l'étaient évidemment pas. Je leur disais : « Si vous-même n'êtes pas vierge, pourquoi voulez-vous que la femme le soit ? Pourquoi cherchez-vous une maturité sexuelle pour vous-même, quand vous exigez l'immaturité sexuelle pour la femme ? Pourquoi voulez-vous demeurer dans le cocon d'une image infantile, parfaitement ronde et lisse, d'une femme vierge qui vous sera offerte comme un trophée, alors que vous-même ne l'êtes pas ? »

Je tenais ces propos parce que je n'acceptais pas cette hypocrisie sociale persistante qui faisait que l'on n'épousait évidemment pas les femmes avec lesquelles on couchait !

Cet exemple est éclairant pour stigmatiser l'absence totale de rupture réelle, au bénéfice de la continuité d'une convention. Ces jeunes étudiants continuaient à penser comme leurs parents ou, plus exactement, ils ne pensaient même pas, leurs parents pensaient à travers eux – par délégation.

À la limite, cela veut-il dire que la connaissance, ou la possibilité d'accéder à une ouverture de l'esprit, ne peut venir qu'à la suite d'un malheur terrible : abandon, exclusion, etc. ?

Oui. Ou encore, après une vraie prise de conscience liée au savoir, à la connaissance, et non pas seulement à l'instruction. Certains sont *instruits*, mais ils ne sont pas « connaissants », ils détiennent des connaissances, mais sans l'autonomie de pensée que cela implique idéalement.

À mon sens, la grandeur d'un processus éducatif, notamment sur le plan intellectuel, sur le plan de l'acquisition des connaissances, est d'amener l'élève (donc le futur sujet) à être facteur de sa connaissance et acteur de son savoir – acteur de son doute.

Si vous n'êtes que dans le cumul de connaissances (ce qui est le cas de la personne *instruite*), il ne s'agit alors que d'un cumul placide et vous ne serez jamais l'acteur de ces connaissances-là, vous les subirez. (Un peu moins, cependant, que si vous restez dans l'ignorance... j'en conviens !)

Et, à ce propos, j'estime qu'il est accablant pour nombre de musulmans d'être soumis à des diktats moraux si puissants qu'ils les poussent à aller jusqu'à tuer d'autres musulmans, en leur faisant accroire que l'islam, le « bon islam », est celui que ces instances diffusent ! Qu'un homme soit capable de tuer un autre homme, d'éventrer une femme enceinte, de décapiter un enseignant puis de planter sa tête sur un poteau au bord d'une route, et puisse encore se considérer comme musulman, je trouve cela ignominieux et infamant.

Il est éminemment regrettable pour l'islam qu'il ne parvienne pas à résorber de telles exactions, à empêcher certains musulmans d'être des tueurs, des assassins.

Vous nous décrivez la religion de l'islam comme étant, à l'origine, une religion de bienveillance, de paix et de modération ; seulement, depuis quelques années, l'image du terrorisme dans le monde est, à 80 %, véhiculée par les musulmans. De nombreux jeunes, facilement embrigadés par les intégristes, semblent en effet d'autant plus vulnérables à cette propagande guerrière qu'ils ne possèdent pas cette autonomie de pensée qui leur permettrait de remettre en question le discours qu'on leur inculque. Cette attitude les fait également souvent apparaître comme fatalistes... Selon vous cela vient-il de la culture arabe proprement dite, ou plutôt de la religion de l'islam ?

À mon sens, cela ne vient ni de l'un ni de l'autre. Ce comportement de soumission à l'autorité vient surtout des processus d'endoctrinement mis en place par des musulmans ou des gens qui se réclament de l'islam pour des raisons politiques, des raisons de prise de pouvoir.

Dans l'histoire de l'islam, à deux ou trois reprises, nous avons eu des fanatiques, des hommes très puissants, qui ont constitué des armées d'assassins et de mercenaires.

Ces fanatiques sont, aujourd'hui, extrêmement violents et travaillent, soi-disant, à l'établissement de l'islam dans le monde, alors que cela est faux. Au nom de cet islam pur, purifié de toutes ses *scories* (pas de femmes, pas de laïcs, pas de libres penseurs, etc.), ils veulent instituer un islam utopique, un islam qui n'existe pas.

C'est ainsi qu'au nom de cette religion chimérique, ces fondamentalistes ont dévié, sont devenus tellement fanatiques qu'ils croient à ce qu'ils professent, et cette pensée sectaire qui les habite et les abuse est parvenue à les transformer en êtres violents, en mercenaires tueurs.

Mais il faut savoir que ces *mercenaires* sont pris en charge du matin au soir, du berceau à la tombe. Ils ne sortent pas, ils ne rencontrent personne, ils ne respirent même pas sans autorisation ... Ces hommes sont réellement endoctrinés de A à Z. Et, depuis Freud, nous savons à quel point il est possible d'endoctriner une personne (pour diverses raisons) jusqu'à l'amener à des extrêmes inconcevables.

Le pire est qu'ils sont même heureux et flattés de tuer d'autres musulmans... Non seulement, porter atteinte à l'être humain en général est une violence, symbolique et réelle, que l'islam récuse absolument, mais éventrer des femmes enceintes, tuer des vieillards ou des enfants à l'école, tous musulmans, donc, soi-disant, *frères*... ! C'est le sentiment de honte – d'une honte absolue – qui l'emporte.

En ce qui vous concerne, quels sont les plus grands bénéfices que vous avez tirés du fait d'être capable de douter, de porter un

regard critique sur votre société, sur le monde dans lequel vous évoluez, et quels furent les plus grandes difficultés que vous avez dû affronter à cause de cela ?

Commençons par les difficultés. Pendant très longtemps, j'ai été non seulement incompris, mais combattu à cause de cette incompréhension.

Je dis « pendant très longtemps », mais en réalité c'est encore le cas aujourd'hui. Je suis persuadé qu'il y a encore des gens pour considérer que je suis, sinon fou, du moins affecté d'une forme de déraison, d'immaturité, de manque de clairvoyance, ou d'une forme d'impertinence, pour m'intéresser de cette façon à l'islam, au monde arabe, aux musulmans, à la religion, à la sexualité.

Ils ne perçoivent pas ma démarche comme étant une remise en question positive du système et, en réalité, les musulmans et les Arabes craignent que ne soit détruite leur image idéale, leur idéal du moi. Pourtant, j'apporte, en fait, la possibilité d'avoir un meilleur contrôle de soi, plus de maîtrise de son destin, plus d'autonomie et d'indépendance, et même plus de relativité.

En résumé, je leur dis : « Les chefs, auxquels vous croyez, ne sont pas aussi grands que vous le pensez, et la religion à laquelle vous croyez est généreuse et passionnante quand elle prêche le beau, le respect d'autrui et la convivialité. Sinon, elle est mauvaise, elle ne vous grandit pas et, elle-même, ne se grandit pas. »

Évidemment, je touche aussi à des mythologies trop fortes. Par exemple, quand je leur dis que l'homosexualité existe dans le monde arabe, et ô combien, qu'elle n'est tout simplement pas reconnue, identifiée, nommée, mais qu'elle fleurit malgré tout ; que les homosexuels ne sont pas des gens heureux, parce qu'ils se cachent, mais qu'ils existent, néanmoins, en nombre... Jusqu'à ce que j'affirme cela, la plupart n'imaginait même pas qu'il puisse y avoir des homosexuels dans le monde musulman, que c'était une maladie, une perversion, qui concerne les seuls Occidentaux.

D'ailleurs, cette question ne leur venait pas à l'esprit, elle se situait en dessous du seuil minimum de vigilance.

En fait, pour entrer dans le doute et l'incertitude, il faut un minimum de connaissances au départ. Et lorsque les gens auxquels vous vous adressez ne l'ont pas, lorsqu'ils sont en dessous du seuil minimum de l'incertitude, ou du doute, c'est-à-dire quand l'évidence est telle que le doute ne les effleure même pas, il est très difficile de leur dire : « Mais détrompez-vous, il y a autant d'homosexuels en Orient qu'en Occident et certains sont même parfois heureux ; il n'existe pas seulement les homosexuels que vous chassez et que vous rendez malheureux, ceux qui se prostituent, ou encore les homosexuels passifs qui vous servent d'exutoire à la place des femmes que vous n'avez pas. Il existe aussi des homosexuels (hommes et femmes), heureux comme tels, et qui ne vous le disent pas forcément. Vous ne les connaîtrez sans doute jamais car, pour mieux se cacher, ils se marient et ont des enfants, mais il n'empêche que ce sont des homosexuels. »

Le problème est que, lorsque vous leur dites cela, vous détruisez la belle image du tableau, vous profanez l'icône d'une société pure, et vierge de toute turpitude occidentale.

Vous ne vous contentez pas de remettre en question le domaine sexuel, car nous avons le sentiment que, dans votre dernier ouvrage[1], vous explorez également les problèmes relevant du domaine social. Allez-vous continuer dans ce sens ?

---

1. *Le Sujet en islam* – Malek Chebel / Ed. Seuil 2002

Oui, bien sûr. J'ai commencé cette remise en question avec la sexualité, et peu à peu, j'en suis venu à parler de la société, des carences sociales, des blocages sociaux, au niveau de l'éducation en général : l'éducation des corps, l'éducation des esprits, etc. J'ai également parlé de l'imaginaire, des symboles, de la manière dont ils sont bridés, puis, j'en suis venu à évoquer la religion (parce que c'est une étape parmi d'autres), et j'ai effectivement commencé ce même travail de remise en question au niveau de toute la civilisation, en explorant les blocages et les inhibitions à l'intérieur même de la sphère musulmane, travail que je compte poursuivre.

Pour avoir l'audace et l'insolence de remettre en question des traditions et une pensée établie depuis des siècles, vous avez, sans aucun doute, été amené à affronter de lourdes difficultés. Pour autant, avez-vous reçu un bénéfice du fait d'être capable de douter et de présenter la remise en question comme une évolution ?

L'un des bénéfices que je constate, aujourd'hui, est que, depuis plusieurs années, mon lectorat est devenu plus mixte. Auparavant, seules les femmes me lisaient, alors qu'aujourd'hui les hommes arabes me lisent également. Cette évolution est pour moi une immense victoire, car maintenant les Arabes me lisent, les gens de ma culture, qui ont les mêmes origines que moi, et sans me vouer aux gémonies. Cela signifie que j'ai participé, même modestement, à une sorte d'ouverture des esprits, à une mutation des mentalités, et peut-être à une prise de conscience.

Ils ont compris que je ne suis pas là pour les condamner ou pour les culpabiliser. Je ne cherche ni à les exclure, ni à les conforter, mais à leur proposer, à leur suggérer un volume de réflexions sur lesquelles je leur demande de prendre position.

Il reste vrai que l'institutionnel « ne joue pas le jeu », toutefois cela ne se produit pas uniquement à mon encontre, mais envers tout le monde.

D'une certaine façon, douter c'est s'affirmer et s'afficher libre et indépendant. Si, à peu près jusqu'aux années 80, l'islam était modéré et offrait une liberté d'adhésion, ou non, aux rituels, ce n'est plus le cas à notre époque. Dès lors, comment de nos jours, dans le monde musulman social et familial, est perçu celui, ou celle, qui a l'audace et l'insolence de remettre en question les certitudes ancestrales ? Que lui arrive-t-il ?

Il existe deux attitudes possibles. La première se retrouve dans les pays où l'islamisme est de plus en plus dominant, comme l'Afghanistan, l'Iran, le Nigeria ou encore le Soudan, l'Arabie Saoudite, etc., où il est très mal vu d'avoir une attitude (quelle qu'elle soit) non conforme au texte le plus dogmatique, en somme le plus rétrograde.

Qu'arrive-t-il alors ? L'exclusion, la menace physique, la lapidation, etc. On oblige un homme à divorcer d'avec sa femme, sous le prétexte qu'il est trop libre penseur (cela s'est passé même en Égypte !) ; on brûle *Les Mille et Une Nuits* ; une gynécologue a été prise à partie, parce qu'elle était trop européanisée – une femme gynécologue, cela dérange, ce n'est pas sérieux. Dans ce dernier cas, nous nous rendons compte qu'il est difficile d'être une femme instruite.

Ce premier type de réaction se situe à un stade de répression primaire qui touche aux individus, et parfois même, touche au physique.

La seconde attitude caractérise plutôt des pays comme la Tunisie, la Jordanie, le Maroc, l'Égypte, le Liban ou l'Algérie. Elle est réservée à une certaine société, parvenue à un stade où la remise en question est vraiment radicale et profonde, société dont les individus n'ont alors que faire de la religion, des traditions et donnent un coup de pied dans la fourmilière, puis assument.

Certes, ceux qui, à ce moment-là, assument, sont des gens très cultivés et fortunés, qui peuvent même, le cas échéant, partir pour l'étranger. Néanmoins, dans tous les cas, ils sont capables d'assumer leur destin d'homme et de passeur *libre*.

Est-ce justement pour échapper à cette impossibilité de devenir un sujet à part entière, libre de penser « autrement », que de nombreux musulmans tentent l'exil ?

À mon sens, oui. Plusieurs raisons expliquent l'exil des musulmans dans le monde entier, et non pas seulement en Europe. D'abord, il est vrai qu'ils fuient sans doute la pauvreté, la misère, les structures économiquement peu viables qui n'assurent pas de débouchés, qu'ils fuient le manque de perspectives offertes sur le plan social et professionnel. Ensuite, ils fuient aussi la force refoulante, la force du système moral en place, la force castratrice de la morale pudibonde et corsetée de l'ensemble des gestionnaires de la société arabe et musulmane, c'est-à-dire les hommes politiques, les théologiens, etc. Ces derniers ont une vision tellement rétrograde et archaïque de la société, de l'homme, de la femme, que les gens préfèrent fuir cette chape de plomb et aller ailleurs. Enfin, nombre de ceux qui « choisissent » l'exil ne sont pas dupes de ce que leurs dirigeants veulent imposer comme système. Quand on se réclame de la religion, et que l'on n'a que le pouvoir en tête, ou l'idée du pouvoir, évidemment, cela se voit ! Et, pour éviter d'être pris dans la nasse de ces conflits d'intérêts, certains musulmans préfèrent partir.

Les trois principales raisons sont donc : les raisons personnelles, les raisons de recherche de connaissance, puis les raisons politiques. Il y a dix ans, la raison économique venait loin devant.

Votre formation universitaire est : psychologie clinique, psychanalyse, anthropologie, sciences politiques, et sociologie. Est-ce le fait de douter, cette constante remise en question de ce qui est, ou plutôt le monde dans lequel vous viviez, qui vous a fait choisir ce type d'études ?

D'une certaine manière, les deux. En fait, j'étais plus dans la quête que dans le doute. Mais je pense que la quête est un chapitre du doute.

En réalité, j'étais en quête de *quelque chose*, sans en avoir, forcément, pris conscience. La prise de conscience est venue au fil du temps, avec mes études en psychanalyse et en anthropologie, qui ne sont pas des études tranquilles. Ce sont des études qui vous bousculent, qui vous tarabustent, qui vous prennent aux tripes, ce sont des études concrètes, à application immédiate, vingt-quatre heures sur vingt-quatre. Le soir, vous êtes en analyse ; le matin, vous êtes en analyse ; en voyage, vous êtes en analyse, etc. Pour moi, le doute est un doute de la vie, un doute plutôt philosophique que révolutionnaire ; ce n'est pas un doute qui cherche à détruire, c'est un doute qui veut comprendre, qui veut accompagner, anticiper, approfondir. Par vocation, l'être humain est fait pour construire et non pour détruire.

Toujours à propos des raisons qui poussent un individu à l'exil, en ce qui vous concerne, vous qui êtes un exilé, avez-vous choisi l'exil ou l'avez-vous subi ?

Je l'ai à demi subi et à demi choisi. Je l'ai à demi subi car, lorsque je suis revenu de France où j'avais fait mes études (il n'y avait que là que je pouvais les faire) et que je suis rentré en Algérie pour enseigner, six mois plus tard, on m'a rejeté du système, sous des prétextes fallacieux, et l'on m'a mis dans l'obligation de choisir une autre solution. De ce point de vue, j'ai donc subi la répression, j'ai subi l'exil. Mais, comme j'étais en même temps très heureux de revenir en France, je ne l'ai pas perçu comme un échec. Quoi qu'il en soit, la situation se présentait à moi de cette façon, c'était ma vie et il me fallait assumer la manière dont elle se présentait. Dès lors, j'ai fait ce que je fais toujours : essayer de valoriser ce qui se présente à moi, le valoriser pour en faire plutôt un outil de travail qu'un outil de contrainte, de régression ou de blocage.

Par conséquent, revenir en France, après avoir amorcé un retour en Algérie (présentant une vie plus tranquille, méditerranéenne, etc.), fut pour moi à la fois un choix et une contrainte, puisque je ne l'avais pas désiré. Pour autant, je suis reparti vers la France la gaieté au cœur, car je suis quelqu'un de positif – même si je traîne quelques refoulements, de-ci de-là. (rires)

Finalement, j'en ai tiré le meilleur parti et je m'en suis retrouvé plutôt gagnant. En fait, depuis mes débuts jusqu'à aujourd'hui, je suis une suite d'événements ratés, une suite de processus bloqués, qui n'ont pas abouti, une suite de traumatismes. À moi tout seul, je suis la définition et la résultante, parfaites et équilibrées, de tous les traumatismes que j'ai vécus. Je n'en ai pas l'air, mais c'est ainsi : je suis cabossé de l'intérieur. (rires)

***Dans votre ouvrage* Le Sujet en Islam, *vous posez la question brutale :* « Le musulman a-t-il un Je ? ».**

Comment la conscience d'être un « Je » vous est-elle venue ?

Tout d'abord, je ne suis pas sûr d'être déjà un *Je*. La psychanalyse m'a appris qu'on ne l'est jamais définitivement car, dans ce domaine nous sommes toujours en formation. Je suis donc un *Je* en formation.

Les musulmans me disent : « Mais pourquoi avoir un *Je* ? En quoi as-tu besoin d'avoir un *Je* ? Le *Je* n'est pas nécessaire, c'est le *Nous* qui est important, et toi, toi en tant que priant Dieu, en tant que vivant dans une communauté, te soumettant à un certain nombre de règles qui sont communes à tous. Le *Je* est inutile ! Tu es dans la vanité. À quoi rime cette vanité de vouloir être quelque chose, de vouloir être *quelqu'un* ? »

À une époque, j'ai pensé qu'il était possible qu'ils aient raison, que je ne serais peut-être jamais quelqu'un au sens psychologique bien sûr ! Mais, curieusement, c'est en essayant d'accepter cette invalidité que, d'une certaine façon, j'ai pu me réaliser. Sans cela, j'aurai été trop sûr de moi et j'aurais perdu la partie face à l'incertitude.

Sur la courbe du doute, j'aurais eu un encéphalogramme plat ! (rires)

Cela ne vous a-t-il pas effrayé de réaliser que vous ne pensiez pas comme les autres, que vous vous découvriez un « Je » singulier, quand ceux qui vous entouraient ne reconnaissaient que le « Nous » collectif ? N'avez-vous pas craint la solitude que cela pouvait impliquer ?

Je n'ai pas le souvenir d'avoir connu une crainte particulière, ou une inquiétude à ce propos. Peut-être cela vient-il de ce que dans ma vie personnelle, dans ma vie concrète, je suis très sociable, c'est-à-dire que je vais aisément vers les autres, et que, personnellement, je ne me sens pas différent d'eux. Il est possible qu'eux me perçoivent comme un être différent – mais ce n'est pas la même chose. En réalité, dans mon for intérieur, je fais très bien la distinction entre être un homme de questionnement et *être*, tout simplement. Par mon *être* simple, je suis comme tout le monde et je fréquente toutes les catégories de personnes sans me sentir décalé par rapport à qui que ce soit. Seulement, les autres peuvent, en effet, percevoir en moi une volonté acharnée de me réaliser en tant que *Je* – ce en quoi ils n'ont pas tout à fait tort.

Puis, à propos de la solitude, dans la mesure où nos métiers (écrivains) sont des métiers de *Je*, ce sont des métiers de très grande solitude où l'on passe plus de temps face à soi-même que face aux autres.

J'ai donc une vie clivée : j'ai ma vie privée personnelle, ma vie collective, ma vie sociale, et ma vie intellectuelle qui, elle, me permet d'être isolé après avoir été totalement immergé dans le groupe.

Et, jusqu'à maintenant, je vis très bien avec ma schizophrénie... (rires)

Si le fait de s'affirmer et de s'assumer comme sujet singulier, et non plus exclusivement comme sujet collectif, apporte le bénéfice de la liberté, notamment du libre arbitre, cela impose aussi la responsabilité individuelle. Responsabilité individuelle que nous connaissons en Occident et contre laquelle, d'ailleurs, nous avons souvent tendance à nous rebeller. N'est-ce pas aussi pour éviter cette responsabilisation individuelle que les musulmans sont tant attachés à leur structure sociale collective, et qu'ils craignent à ce point l'invasion du système de l'individualité occidentale ?

C'est sûrement vrai. À ce sujet, je pense qu'il y a chez les musulmans un lourd malentendu. Ils croient que les valeurs propres à l'Occident : laïcité, individualité, démocratie, droits de l'homme, c'est-à-dire les mécanismes qui font amplement appel au sujet, à la critique personnelle, au jugement, au choix et à la liberté, que toutes ces valeurs, sont une idéologie masquée pour les manipuler autrement. Intellectuellement, ces *valeurs* occidentales auraient donc, en quelque sorte, pour but d'attenter à la pureté des personnes, d'attenter à leur être, d'attenter à leur personnalité spécifique. Et c'est en pensant cela qu'ils s'en protègent !

D'ailleurs, je suis persuadé que le fait que l'Occident insiste de plus en plus à propos des femmes voilées, qui le sont sous une forme de contrainte idéologique, a pour effet que des milliers de femmes musulmanes se voilent uniquement par opposition à ce que dit l'Occident. Il existe ainsi des mécanismes de sauvegarde de soi et de son identité collective qui, en réalité, ne correspondent absolument pas à la demande réelle, authentique et profonde, de chaque individu. Nous, musulmans, nous retrouvons alors dans des histoires biseautées, dans de faux-sens, essayant d'agir, à la fois individuellement et collectivement, comme si de rien n'était, comme si tout était évident, comme si l'impact était nécessaire, utile et légitime, alors qu'au fond, chacun a mille raisons de se rebeller contre le diktat du collectif.

Et, malheureusement, l'Orient ou l'Islam en général, les Maghrébins, les musulmans, les Arabes, ne font pas le travail nécessaire pour comprendre ce qui les effraie réellement dans l'Occident, et pourquoi il veulent tant s'en protéger. Est-ce l'égalité des sexes ? La mixité ? Et pourquoi m'effraie-t-elle ? Si elle m'effraie, c'est que j'ai des problèmes. Quels sont ces problèmes ?

Jusqu'à une certaine limite, l'Orient en général (comme l'Islam) ne veut pas avoir l'Occident comme miroir, mais seulement comme rival.

Cette attitude est-elle récente, ou remonte t-elle à plusieurs générations ?

Cette attitude est très ancienne, mais elle n'est réellement formulée que depuis peu, notamment par les mouvements fondamentalistes, qui remettent en question la supériorité de l'Occident. Ils remettent en question les valeurs de l'Occident pour affirmer que ce ne sont pas les seules valables.

Le problème est que les fondamentalistes peuvent toujours tenter d'imposer ce rejet d'une manière doctrinaire, démagogique, il n'en reste pas moins que chaque maison possède sa parabole pour recevoir la télévision étrangère par satellite ! Et certains ont beau affirmer que les Orientaux n'aiment pas l'Occident, ce n'est pas vrai... Au contraire, ils l'aiment beaucoup. Ils ne voient que lui, applaudissent toutes les marques, et la fascination qu'exerce l'Occident sur les peuples d'Orient, en priorité sur les jeunes, est étonnamment vivace.

N'est-ce pas, là encore, une attitude très ambivalente ?

Oui, tout à fait. En fait, il existe une *élite*, déconnectée de la réalité, qui déteste l'Occident pour des raisons strictement tactiques, alors que le peuple, lui, n'a aucune raison de détester l'Occident. Il mange les hamburgers de l'Occident, il boit son Coca, il regarde sa télévision, et le seul rêve qu'il ait n'est pas d'aller à La Mecque, mais à Paris !

Toutes ces contradictions se retrouvent donc à l'intérieur de la société musulmane, une société qui bouge beaucoup, qui n'a pas encore trouvé son équilibre et qui cherche son identité.

À la limite, peut-on penser que, même si les femmes musulmanes rêvent de pouvoir enfin se libérer de la burka ou du voile, plus l'Occident militera pour les en affranchir, plus elles le garderont et le porteront ostensiblement ?

Exactement. C'est cela le paradoxe : plus l'Occident engagera sa logistique, sa machine de guerre, pour culpabiliser les musulmans, plus il y aura de musulmanes qui porteront volontairement le voile.

D'ailleurs, je pense même que plus on voudra dévoiler les femmes, à l'intérieur du monde musulman, comme en Afghanistan (par les mécanismes que l'on connaît, de dépersonnalisation de toute la nation, et de guerres meurtrières), plus ici, en Occident, nous verrons des femmes se voiler, pour compenser. En Occident, elles peuvent exprimer leur opinion, leur *Je*, et ce *Je* leur dit : « je me voile si je veux ». En réalité, elles ne désirent pas se voiler, mais soit on leur impose le voile, soit on leur impose le non-voile ; dans les deux cas, on leur impose quelque chose !

Il faut impérativement analyser ces phénomènes, non pas comme des phénomènes de réaction immédiate, mais comme des phénomènes de réaction culturelle lointaine. En Algérie, au temps de la colonisation, les dirigeants avaient voulu dévoiler les femmes pour des raisons sécuritaires. En réaction, toutes les femmes algériennes étaient descendues dans les rues, voilées, y compris les étudiantes, alors qu'à l'époque, elles n'y étaient pas contraintes. Cet épisode montre à quel point la réaction spontanée des individus est de se cristalliser sur une identité, même fausse, car c'est quand même une identité.

Séparer les musulmans et les musulmanes, cela ne rime à rien. C'est leur frère, leur mari, leur père. C'est une façon d'opposer les uns aux autres, et les femmes seront solidaires des hommes. Plus les hommes seront culpabilisés, ou considérés comme des primaires, plus les femmes porteront la burka et le voile, parce qu'il s'agit de leur sauvegarde, de leur identité, et l'on ne touche pas impunément à l'identité des personnes. Nous pouvons y remédier par la connaissance et la pédagogie, comme aussi en minimisant les dangers que les Arabes ou les musulmans ressentent en Occident – sans même se les expliquer –, en clair, il s'agit de diminuer les fantasmes.

De plus, ce qui choque énormément les Orientales quand elles viennent en Occident (j'ai vu de tels cas, des femmes qui ont repris le chemin du retour immédiatement, elles ont défait les valises et elles les ont refaites), c'est que la femme est exposée dans tous les états de dépersonnalisation que l'on peut imaginer. Elle est sur tous les écrans de télévision, elle est une barre de chocolat, une crème glacée sur les murs du métro, aguichante, féline, provocatrice...

Les Orientales voient-elles la femme occidentale avilie au rang d'un objet de consommation ?

Oui. C'est cela. La femme passe du rang de femme à celui de femelle, et les Orientales ne peuvent pas supporter cela. Elles ne comprennent d'ailleurs pas que les Occidentales le supportent. Certes, nous savons bien que les groupes de pression sont trop nombreux et trop forts et que la plupart des femmes n'ont pas l'énergie pour se mettre en association et se battre contre eux, pour intenter un procès, pour mener en justice les publicitaires qui mettent les femmes dans des positions outrageantes pour elles.

Rien n'est donc simple, et ce refus de la perte d'identité est toujours complexe ; refus qu'il faut analyser en présence de psychanalystes, d'anthropologues, d'historiens et de sociologues, pour en comprendre les soubassements.

En fait, nous avons pris l'exemple du voile pour les femmes, mais il pourrait être extrapolé à bien d'autres domaines ?

Il pourrait de fait s'appliquer à de nombreuses autres conduites.

Selon vous, l'Occident cherche-t-il à imposer sa culture au monde arabe qui, lui aussi, a une culture très ancienne ?

D'une certaine façon, oui. Et les musulmans ne veulent pas être laminés ou écrasés. Leur réaction apparaît nettement à l'époque du ramadan. Beaucoup d'immigrés musulmans ne vont jamais à la mosquée, mais parce que le ramadan devient un signe déclaré de solidarité religieuse, ils observent le ramadan !

Est-ce une sorte de provocation ?

Ce n'est pas de la provocation, ce sont des techniques de préservation, de survie. Ils sont convaincus que c'est le seul moyen de ne pas dépérir, de ne pas disparaître.

Résistent-ils ainsi pour ne pas se faire absorber, ne pas se dissoudre dans la masse occidentale ?

C'est exactement cela : pour ne pas se dissoudre ! Ils veulent conserver un minimum de dignité.

Si le musulman a très peu de « Je » singulier, en revanche son « Je » collectif n'est-il pas infiniment plus puissant ?

Le *Je* collectif est, en effet, extrêmement puissant. C'est un *Je* de ralliement, un *Je* de fédération, un *Je* de communauté. Lorsque deux cents hommes, taillés dans la même pièce, sur une rangée, puis sur deux cents rangées, font la même prière, au même moment, cinq fois par jour, cela renforce la solidarité ! On devient fort et puissant, inaltérable, inaliénable, presque intouchable. Et quand vous savez que, durant le mois de ramadan, c'est un milliard d'individus qui, cette fois, sont dans la même position, au même moment, vous vous sentez vraiment appartenir à une sorte de planisphère géante.

L'individualité occidentale est-elle pour cela considérée comme une faiblesse ?

De ce point de vue, oui. Mais n'oublions pas qu'en Occident, ont eu lieu des révolutions sociales, politiques, démocratiques, et que la démocratie joue le rôle que tient la religion en Orient.

Dans les pays arabes, il persiste un déficit de démocratie, un déficit de constitutionnalité qui permettrait de vivre en société. Toutefois, cette carence est suppléée par la religion, qui est la loi de Dieu permettant de vivre en communauté.

Il ne faut pas penser que le musulman soit toujours sommairement soumis à sa religion. Il est soumis à sa religion, parce qu'il sait qu'il n'a pas d'alternative, qu'il n'existe pas pour lui une démocratie avec des lois susceptibles de le protéger en cas de problèmes.

Ainsi, par le communautarisme introduit par l'islam, il existe une sorte d'égalité entre les gens, une répartition des richesses, etc., qui se fait au nom de la religion.

Globalement l'islam a donc cette fonction ; fonction qui était assez bien remplie jusqu'à ce que quelques fous furieux viennent désorienter le système...

Quant au sujet occidental, il n'est pas affaibli, déshérité, ou fragilisé par son individualité, car il a d'autres possibilités de vie ou de survie : la démocratie, la pluralité de pensées, le savoir, la richesse, etc. ; autant de mécanismes qui lui permettent de se défendre et de se protéger face à l'anomie, c'est-à-dire face au danger d'une absence d'organisation légale, une absence de valeurs.

Chapitre 4

ÉMIGRÉS OU EXILÉS ?

Le nécessaire changement et ses implications

> *« Tu seras obligé d'abandonner ce qui te sera le plus cher ; c'est la première flèche que lance l'arc de l'exil.*
> *Tu apprendras combien le pain de l'étranger est amer, et combien il est dur de monter et descendre l'escalier d'autrui. »*
>
> DANTE (1265-1321)

Lorsque vous êtes revenu en France en tant qu'exilé (après avoir, à la fois, subi et choisi l'exil), quel fut votre sentiment le plus profond ? Avez-vous ressenti une différence avec votre premier séjour en France ?

Ah oui, absolument. La première fois, j'étais venu comme demandeur de savoir – j'étais étudiant. J'étais venu pour m'enrichir, pour me remplir de ce pays magnifique dans lequel je trouvais : universités, bibliothèques, etc., en accès libre. Pour moi, c'était une sorte de paradis sur terre, dont j'ai récolté tout le miel possible.

Seulement, lorsque je suis *re*-venu, ce fut bien différent. En premier lieu, je me sentais en abandon de deux pays : l'Algérie qui, d'une certaine façon, ne voulait pas de moi, et la France qui, cette fois, ne m'accueillait plus de la même manière. En effet, lors de mon retour en France, je n'ai pu entrer sur le territoire qu'avec un statut de touriste ! À l'époque, lorsque vous repartiez dans votre pays d'origine, vous ne pouviez plus revenir sur le sol français qu'en tant que « touriste », et encore, pas plus de trois mois... À moins de s'inscrire comme étudiant dans un établissement universitaire – ce que j'ai été obligé de faire, alors que j'étais déjà enseignant. En fait, je suis un touriste-étudiant en prolongation de statut... ! (rires)

L'exil, l'installation en pays étranger, implique de multiples affrontements : affrontement au regard des autres, affrontement à soi-même et à sa capacité d'adaptation, etc., et cela, quelles que soient nos origines. Cependant, n'est-ce pas encore plus difficile pour un musulman, par exemple un Maghrébin, que pour une personne de l'Europe de l'Est, étant donné la grande différence qui existe entre la culture arabe et la culture européenne ?

En ce qui me concerne, je pars du principe que *changement* et *affrontement* vont indiscutablement ensemble et, en permanence, de manière instinctive comme imperceptible, nous faisons des *accommodations*. C'est une importante question, une question de sémiologie.

Cela signifie que, de mon côté, j'ai « pacifié » la France, je l'ai rendue apte à me recevoir. Autrement dit, j'ai effectué les démarches pour adopter la France et m'intégrer, de telle sorte qu'elle aussi, à son tour, puisse faire le travail nécessaire afin de s'adapter à moi. Et cela, à tous niveaux : vie universitaire, rencontres personnelles, vie privée, vie de groupe, relation avec les amis. Dans un travail d'accommodation réciproque, je demande en permanence à l'autre de faire le chemin inverse envers moi afin que, lui aussi, m'accepte.

Il est vrai que la situation d'exilé est souvent difficile car, la plupart du temps, toute démarche, tout effort, doit venir de l'exilé. D'une manière générale, l'exilé n'est culpabilisé sur certains points que s'il reste longtemps ! Car, évidemment, il devient alors un citoyen – même si ce n'est qu'un citoyen de seconde zone. Certes, à l'exilé provisoire, on ne demande pas de faire la guerre, de payer des impôts, etc., mais dès l'instant où il s'installe durablement dans le pays d'accueil, où il commence à payer des impôts, à s'intégrer dans la communauté, à être membre de cette communauté, ce qu'il exprime ne sont alors plus des *exigences,* mais des demandes légitimes. Il exprime ses demandes à sa manière qui, en substance, veulent dire : « Tout en vous remerciant de votre accueil, de votre chaleur, je vous demande néanmoins de faire un effort pour me regarder d'une autre façon. Vous me regardez d'une manière globale, vous me mettez dans une totalité qui n'est pas la mienne. Il n'y a pas de distinction dans votre regard, alors que moi je vous regarde d'une manière distinctive ; je vous rends un hommage singulier, puisque je parle, avec vous, de vos poètes, de vos écrivains, de vos philosophes, de votre histoire, etc. Vis-à-vis de vous, j'ai ainsi un regard particulier, qui est très riche et qui nourrit votre propre histoire. Ce qui prouve que j'ai fait l'effort nécessaire afin de vous comprendre. »

Cela dit, je reconnais qu'au temps où j'étais étudiant, le regard sur les exilés s'installant en France était un peu moins discriminant, moins violent, qu'aujourd'hui.

Ensuite, à propos d'une différence éventuelle d'adaptation entre un exilé arabe et, par exemple, un exilé d'Europe de l'Est, je ne crois pas que cela soit très net. En fait, par rapport à un exilé arabo-musulman francophone, un exilé polonais ne parlant pas le français serait plus exilé que le premier, car il serait exclu par la langue. L'écueil principal se situe donc bien au niveau de la maîtrise, ou non, de la langue du pays d'accueil.

Pour autant, il reste vrai qu'un Algérien ne parlant pas le français est encore plus exilé qu'un Polonais dans le même cas. En premier lieu, il n'existe pas entre ces deux pays un volume de valeurs communes : la religion est différente, il n'y a pas de continuité géographique et, de plus, entre l'Algérie, ou le Maghreb, et la France, l'histoire n'est pas pacifiée comme entre la France et la Pologne.

Maintenant, même si nous prenons un autre pays arabe n'ayant pas eu de problème historique avec la France (comme, par exemple, la Libye, l'Irak ou la Turquie), le problème sera identique, essentiellement à cause de la religion qui est un élément décisif dans le regard que nous portons les uns sur des autres. N'oublions pas que l'islam et le christianisme drainent huit siècles « d'après croisade ». En réalité, aujourd'hui, nous sommes encore en train de régler le tribut des croisades. Et peut-être même, dans certains cas, n'avons-nous pas encore ouvert le dossier « croisades », le dossier des traumatismes post-croisades, nous limitant aux traumatismes récents. Dès lors, les Arabes et les musulmans sont sans cesse jugés par rapport à un passif, passif qui n'est pas le leur, mais qui leur est reproché.

Pensez-vous être encore considérés comme des Sarrasins ?

Oui, c'est cela ! Aux yeux des Occidentaux, nous sommes encore des Sarrasins...

Et plus encore qu'au temps des croisades, je pense que ce jugement remonte à l'époque où les Arabes sont parvenus jusqu'à Poitiers (et Tours, car la fameuse bataille de Poitiers s'est produite entre Poitiers et Tours). Cette histoire-là date du VIIIe siècle, si je ne m'abuse vers l'an 732, mais, depuis douze siècles, on nous répète systématiquement : « Ah, mais vous êtes des Maures, vous êtes des Sarrasins, vous avez violé et fécondé nos femmes, vous avez occupé nos pays, vous avez détruit nos églises, vous avez construit vos mosquées, vous avez fait ceci, vous avez fait cela, etc. »

Pourquoi y a-t-il une telle rémanence entre les chrétiens et les musulmans (douze siècles !), alors que, depuis, les Européens (qui ne l'étaient pas à l'époque) ont combattu avec bien d'autres peuples ? Pourquoi cette mémoire lourde et grise ?

À mon sens, parce qu'un peuple, quel qu'il soit, n'accepte pas d'être dominé. Dès l'instant où un peuple est dominé, cela le marque infiniment. Tant qu'il est dominateur, tout va bien. Il oublie très vite les méfaits qu'il a commis : les viols, les déprédations, etc. Qu'il se soit mal comporté n'est pas un problème, cela semble même *normal.* Mais dès l'instant où il a été dominé, cela le traumatise. D'autant plus que dans le cas de figure qui nous intéresse, la France fut asservie par un peuple que, par la suite, au XIXe et au XXe siècle elle domina à son tour ! Dès lors, les Français se demandaient : « Comment est-il possible que mes ancêtres aient été dominés par des gens que, nous, nous dominons, aujourd'hui ? »

Et la douleur vient de cela : être dominé par le plus faible, par un plus « primitif » que soi !

Car, il ne faut pas oublier que la colonisation de l'Algérie s'est faite sur l'idée d'émanciper ces peuples, de leur apporter la civilisation, de les sortir des griffes du mahométanisme en leur offrant la lumière de Jésus-Christ.

Pensez-vous que douze siècles plus tard, l'Europe ait encore peur du monde arabe, des Arabes ?

Consciemment non, inconsciemment, oui.

Est-ce une peur, imprimée dans la mémoire collective, qui ressurgit de manière inconsciente ?

Il s'agit, en effet, d'une peur qui n'a rien à voir avec la mémoire personnelle. C'est une peur très lente et profonde, une peur enracinée qui perdure.

Cette peur n'est pas raisonnée, car nous constatons aisément qu'il existe un rapport de forces à l'avantage de l'Occident qui, bien que minoritaire en nombre, reste néanmoins majoritaire et puissant par son influence sur le monde. Quoi qu'il en soit, les Occidentaux « savent » que l'islam est particulier et l'angoisse demeure qu'un jour, l'islam (l'empire musulman, le califat) se reconstruise sur les décombres de la mésentente (ou de la pseudo-entente) des pays européens entre eux.

En réalité, la perspective islamiste vise à réinventer un passé afin de se faire respecter, d'avoir une part plus active dans le partage du monde et de devenir une force d'interposition.

Ne croyez-vous pas que la méthode ultra-violente qu'ils utilisent pour cela ne fait que justifier cette peur latente ?

C'est tout à fait exact. Par définition, la peur *latente* se nourrit de tout, y compris des artefacts qui n'ont rien à voir avec elle. Et, évidemment, quand on a peur, tout prend un sens, une valeur tragique. C'est pourquoi je pense que dans les couches les plus profondes de son inconscient, l'Occident a encore peur de l'Islam. D'ailleurs, les musulmans sont tellement convaincus que l'Occident a peur d'eux que, par contrecoup, ils développent une guerre, une sorte de croisade moderne, sans destinataire précis et, de plus, sans *émetteur* spécifique. Nous voyons bien qu'il n'y a aucun lien entre le GIA en Algérie et les islamistes marocains (qui sont quand même en seconde position au Parlement), comme entre les islamistes du Soudan, et ceux d'Afghanistan, ou d'Indonésie. Pourtant, tous fonctionnent de la même manière, nous donnant l'impression qu'une ramification singulière est en train de se créer.

Autrement dit, cette *croisade* n'a pas de destinataire unique – c'est l'ensemble de l'Occident qui est concerné – pas plus qu'un chef charismatique unique qui seul en déciderait. Le schéma est, à la fois, simple et d'une puissance éruptive inouïe, puisque nous avons l'islam d'un côté et le capitalisme de l'autre ! Deux concepts d'une force colossale qui, impliquant des pratiques culturelles différentes et des échanges économiques, déclenchent alors une confrontation telle, que des personnes se tueraient facilement pour cela.

En fait, les « leaders » seraient, d'un côté l'islam, et de l'autre, le capitalisme ?

Exactement. Les musulmans se sont dit que le communisme étant en voie de disparition, une place était donc à prendre, et qu'elle était pour eux. Bien sûr, ils ne le formulent pas ainsi. Chacun l'exprime en prétendant qu'il faut islamiser le monde, mais, en réalité, ils veulent qu'un partage du pouvoir mondial soit fait de manière plus équitable en leur faveur, parce qu'ils estiment avoir été lésés pendant des siècles (ils furent colonisés, dépossédés de leurs terres, etc.) et c'est une façon de prendre leur revanche. Par conséquent, maintenant que l'Occident montre sa peur de l'islam, ils en profitent et, nous le constatons chaque jour, font ce qu'il faut pour entretenir cette peur.

Nous savons que la peur est aussi, très fréquemment, entretenue par l'ignorance ou les malentendus. Certaines expressions contribuent d'ailleurs à la méfiance et la défiance mutuelles entre les

musulmans et les Occidentaux. Comme nous le précisions, le problème principal des musulmans installés en Occident est de savoir comment « s'intégrer » sans se désintégrer ; comment s'immerger dans la culture occidentale, la côtoyer au quotidien, sans perdre son identité originelle et sans se noyer. Cependant, ce mot « intégration » n'est-il pas, justement, porteur de l'idée de perte de soi ? Ses synonymes étant assez éloquents : « assimilation, digestion, fusion, amalgame »...

En effet, les musulmans perçoivent parfaitement le danger qu'implique le mot *intégration*. Eux-mêmes n'utilisent d'ailleurs pas le terme « intégration », car pour eux il est l'égal d'une assimilation. Et, nombre de Français, dans certains milieux laïques très actifs, militants, n'envisagent pas une intégration sans une assimilation, et cela mot à mot ! Pour eux, il n'y a aucune différence entre intégration et assimilation, et c'est justement ce que les musulmans craignent par-dessus tout.

Cette crainte se traduit notamment dans la nature des liens qu'ils ont avec la terre française. Par exemple, ils partent souvent en vacances dans leur pays d'origine, ils y rapatrient de l'argent, ils ont des contacts permanents, quotidiens, avec leur famille restée là-bas et, quand ils meurent, la plupart d'entre eux veulent qu'on les enterre « chez eux », dans leur pays.

N'est-ce pas, justement, ce genre de conduites que les Français condamnent, leur reprochant de ne s'installer en France qu'afin de gagner de l'argent, etc., sans pour autant adopter la France, en ayant laissé leur cœur ailleurs ; autrement dit, comme nous le disions, en refusant de « s'intégrer » ?

C'est exact, les Français reprochent aux musulmans de ne pas être totalement des leurs... Et, lorsque même la mort est considérée par certains émigrés comme devant, symboliquement, se régler sur leur terre natale, cela signifie qu'ils se sentent non seulement émigrés, non seulement méconnus, mais qu'ils ressentent, en plus, une totale antinomie.

Les Français ne risquent-ils pas de penser que leur terre n'est pas assez bien pour que les immigrés musulmans y aient leur sépulture, ce qui pourrait être considéré comme une forme de mépris ?

C'est évident. Il est, symboliquement, très fort qu'une personne considère la France comme n'étant pas une terre suffisamment valable pour recevoir sa dépouille. En fait, il est absolument vrai que pour beaucoup de musulmans, la terre française n'est pas suffisamment *pure* ; à leurs yeux Sodome et Gomorrhe sont en France. Et, s'il n'y avait pas les enfants, les deux tiers des immigrés repartiraient chez eux au moment de la retraite. Mais, évidemment, les enfants sont un fixateur puissant, c'est pourquoi ils se contentent de faire des aller-retour. Par conséquent, au lieu d'intégration, d'assimilation, il y a lieu d'utiliser le mot *accommodation.*

À cet égard, il faudrait que s'installe un réel échange dialectique entre le Tout et la Partie.

Dans le même esprit que le mot « accommodation », il existe aussi : « ajustement » qui, lui, comprend de manière plus nette un mouvement de chacune des parties l'une envers l'autre. Un changement des expressions ne pourrait-il pas permettre aux exilés de se sentir mieux accueillis, comme également de freiner chez l'Occidental son exigence d'uniformisation et d'assimilation qui le rassure ?

Il est vrai que les mots et les expressions utilisés ont une importance non négligeable et j'aime beaucoup le mot que vous proposez : *ajustement.* D'ailleurs, dans la réalité, je sens que les immigrés (ou les exilés en général) ont plus confiance en eux-mêmes, qu'ils se sentent moins les brebis galeuses ou les boucs émissaires de la situation économique et sécuritaire en France. Ils ont compris que certains Français font l'effort de comprendre qu'aucun amalgame n'est possible entre un musulman qui fait ses prières, qui est marié, a une vie sociale normale, et un intégriste, et que ceux qui ne font pas cet effort sont ceux qui ne le *veulent* pas ! Pour nous, les choses sont tellement claires que ne pas faire l'effort de distinguer le bon grain de l'ivraie est un évident manque de volonté.

Comme tous les citoyens, les musulmans sont soucieux de la situation et de l'époque qu'ils vivent, et quand les scores d'extrême droite deviennent très élevés, comme ce fut le cas lors des élections présidentielles de 2002, il est vrai qu'ils se posent des questions sur leur accueil, leur participation à la vie française comme sur la nature de leurs liens avec les Français. Mais la politique est ainsi faite que si, au début du mois de mai, il y eut 22 % des votes en faveur de J.-M. Le Pen, deux semaines plus tard, il y en eut 80 % en faveur de J. Chirac !

La France est contrastée, elle n'est pas monolithique, ce qui n'est pas le cas des pays d'origine des émigrés où, justement, le système est, la plupart du temps, monolithique. Ils apprennent ainsi à lire la carte politique de la France, à comprendre que tous les Français ne sont pas identiques, que chacun a son opinion. La France est un pays de *sujets* et non un pays de *soumis*, et ce fait est très important pour les immigrés car cela les réconforte.

Que chaque individu ait la possibilité d'avoir son opinion personnelle, et de l'exprimer, est-il un fait nouveau pour eux ?

C'est un fait totalement nouveau. Ils n'ont, effectivement, pas l'habitude de se percevoir individuellement et de détenir une participation singulière à l'édifice collectif. Chaque individu se sent immergé dans la masse, et ne s'en distingue en rien. D'ailleurs, il est même très mal vu de se distinguer par rapport à la masse et certains théologiens insistent particulièrement sur ce point.

***Dans son ouvrage,* J'avoue que j'ai vécu, *le poète chilien Pablo Neruda écrit :* « Je pense que l'homme doit vivre dans son pays, et je pense que le déracinement pour l'être humain est une frustration qui, d'une manière ou d'une autre, atrophie la clarté de son âme. »**

Que pensez-vous de cette affirmation, et avez-vous éprouvé ce sentiment ?

Non, personnellement, je n'ai pas éprouvé cela. En partant très jeune de mon pays, pour longtemps et peut-être même d'une façon définitive, sans doute ai-je sûrement perdu quelque chose sur le plan émotionnel, sur le plan de la sécurité affective ; peut-être aurais-je vieilli moins vite, aurais-je pris des rides moins rapidement, si je ne m'étais pas exilé... Mais ce ne sont que des éléments conjoncturels et non l'essentiel.

L'essentiel est : ce choix m'a-t-il rendu plus heureux ? ce choix m'a-t-il offert plus de liberté ? m'a-t-il permis d'être plus lucide ? plus fier ? m'a-t-il donné plus de dignité ? m'a-t-il acquis le respect des miens ?

Et, à toutes ces questions, la réponse est : oui !

Mon exil a été fécond sur tous les aspects de ma transformation.

Grâce à votre personnalité très positive de battant, l'exil fut pour vous une expérience féconde et créatrice, mais ne croyez-vous pas que, même inconsciemment, de nombreux musulmans installés en Occident subissent néanmoins cette « atrophie de la clarté

de l'âme », ce qui risque de les rendre, malgré eux, belliqueux ou porteur d'un sentiment de persécution ?

Vous avez probablement raison et, à mon avis, cette phrase de Pablo Neruda prend tout son sens dans le cadre de la minorité immigrée de la première ou seconde génération, qui n'avait aucune perspective à long terme, aucune perspective d'emploi, d'études, de promotion, etc. Dès lors, il est vrai que lorsque l'âme sent que son horizon est bouché, elle est troublée, dans les deux sens du terme : troublée, c'est-à-dire affectée, et troublée dans le sens où elle perd sa transparence, *sa clarté*, comme le dit Neruda.

Et quand l'âme d'un être est troublée, qu'elle perd sa clarté, alors il se retourne vers le fanatisme, vers des solutions toutes prêtes.

L'avantage des sectaires est qu'ils offrent des réponses mécaniques à toutes vos questions. Nous, nous cherchons par tous les moyens à relativiser, à montrer que rien n'est aussi simple, que la vie est pleine de surprises, qu'il existe parfois des retournements singuliers, que tout n'est pas rectiligne, unilatéral, qu'aucune situation n'est uniquement dualiste, manichéenne, etc.

Mais, pour le fanatique, tout est manichéen. Par essence, l'Occident est mauvais. Par essence, la femme occidentale est perverse et l'homme occidental est insoumis. De telles assertions sont, pour les fanatiques musulmans, des éléments définitifs qui, malheureusement, offrent à certaines personnes au caractère faible l'illusion d'avoir trouvé des réponses personnelles, ce qui est un fourvoiement complet.

À propos des musulmans, le terme « exilé » est rarement utilisé en Occident, à la faveur du terme « émigré » qui, lui, d'une part, ne sous-tend pas la radicalité de l'exilé (qui ne peut en aucun cas

repartir dans son pays natal) et, d'autre part, ne contient pas non plus l'éventuelle noblesse qui, parfois, est attribuée au pur exilé. En ce qui vous concerne, quelle différence faites-vous entre ces deux mots ? Et pourquoi vous désignez-vous comme exilé plutôt qu'émigré, alors que, d'une certaine façon, vous pouvez retourner dans votre pays si vous le souhaitez ?

En premier lieu, je pense qu'une grande erreur persiste en France en ne percevant pas que les émigrés sont très diversifiés les uns par rapport aux autres.

À la base, nous avons l'exilé économique, l'ouvrier, qui n'a trouvé aucun moyen de subsistance dans son pays et qui vient en France pour travailler et obtenir de quoi se nourrir, lui, sa femme et ses enfants que, parfois il rapatrie en France. Nous avons aussi les exilés intellectuels – dont je fais partie – qui, eux, ont besoin d'idées, de passion, pour se nourrir. Par exemple, en ce qui me concerne, dans la mesure où je n'ai pas trouvé en Algérie le contexte qui me permettait de m'épanouir intellectuellement, je suis un exilé des idées.

Puis, nous avons les exilés politiques, qui sont conduits à l'exil car, entre autres, on ne leur permet pas de s'exprimer librement, et les exilés religieux. Il existe même une catégorie d'exilés économiques « haut de gamme » qui, eux, ont choisi l'exil à cause de leur fortune...

Cette absence de distinction entre les diverses formes d'exil vient du fait qu'au départ, ce fut essentiellement une émigration ouvrière. Dès lors, il a été considéré qu'un déterminisme économique était systématiquement la source de toute émigration, que ces émigrés ouvriers ne choisissaient pas l'exil, mais le subissaient pour des raisons de survie matérielle. Pourtant, il est vrai que, dans mon cas de figure (comme dans le cas de beaucoup d'autres), ce ne fut pas réellement un exil, mais plutôt un déplacement volontaire. Au début, pendant toutes mes études, je disais que j'étais en transit – je *transitais*.

Sous cet aspect, le mot exilé renvoie alors à Sénèque, aux philosophes grecs, aux exilés de Rome, à Napoléon, ou encore aux exilés russes.

Pour autant, nous parlons rarement d'émigrés russes, mais d'exilés russes.

Oui, car ce sont de grands musiciens, mathématiciens, etc., ou encore des gens fortunés, et dès lors, nous parlons d'*exilés*.

Il existe donc bien une sorte de dualité dans le vocabulaire, qui traduit simplement des réalités économiques différentes.

Nous n'avons pas encore admis que parmi les milliers d'émigrés, les milliers de migrants maghrébins, ils sont nombreux à être plus exactement des *exilés* : des ingénieurs, des médecins, des avocats, des littérateurs, etc. Ils ne sont pas émigrés, puisqu'ils peuvent exercer leur métier là où ils le veulent, aussi bien en France qu'en Suède, au Canada, ou en Amérique, alors que le véritable émigré est assujetti à la chaîne économique.

D'ailleurs, d'où est partie l'émigration essentiellement maghrébine ? Des chefs d'entreprises français qui, dans les années 60-70, faisaient, eux-mêmes, la demande de 200 ou 300 ouvriers non qualifiés, 20 ou 30 ouvriers spécialisés et quelques tourneurs, quelques fraiseurs, au consulat de chaque pays qui se chargeait de recruter les ouvriers demandés et les amenait en France par cargaisons entières. La grande différence, entre cette sorte d'émigration et les exilés pour raisons intellectuelles, est que, nous, nous sommes venus seuls, en acceptant la fatalité.

L'utilisation exclusive du mot « émigré » quand cela concerne les musulmans (notamment en France, mais aussi dans d'autres pays d'Europe), n'est-ce pas une manière hypocrite d'aborder la

situation car désigner les musulmans comme émigrés et non comme exilés, réserve la possibilité éventuelle de les renvoyer chez eux en cas de problèmes ?

Peut-être. C'est aussi une manière de ne pas les connaître, de ne pas les *reconnaître*, de ne pas les considérer sur le plan politique, humain ou intellectuel. Et cette attitude est si vraie que les émigrés, ou exilés intellectuels, récemment venus d'Algérie (notamment d'Algérie à cause du terrorisme), ont souvent dû réduire quelque peu leur ambition, à cause des mécanismes de l'administration et du système d'intégration des élites. Par exemple, en France, un médecin algérien n'est généralement accepté que comme infirmier ou dans des services « d'exceptions ».

D'une certaine façon, il existe une prolétarisation, quasiment organisée, structurelle et administrative, de l'ensemble de l'émigration étrangère, afin que, parvenue en France, cette population baisse d'un cran ses prétentions intellectuelles et financières et, par conséquent, ses possibilités de protestation, donc de pouvoir, tout en étant, évidemment, très performante.

Les individus natifs du pays d'accueil se réservent la partie conceptualisation, direction, gestion, et les autres sont « en dessous ». Personnellement, je connais de nombreux médecins exilés (ou émigrés) qui, en France, deviennent simples infirmiers ou même, brancardiers. Parfois, quand ils sont plus brillants, plus combatifs que d'autres, ils parviennent à être les « seconds » des médecins français ; ils travaillent dans des hôpitaux déshérités et hostiles, en grande banlieue ou en province, hôpitaux dans lesquels les autres médecins ne veulent pas exercer. Il y a une médecine de la lumière, du jour, et une médecine de l'ombre – la médecine de l'ombre étant, d'ailleurs, souvent à la peau brune et noire.

En fait, les émigrés, ou exilés, pratiquent tous les métiers que les Français refusent. Cet exemple en médecine est également valable dans le monde des avocats, des traducteurs, des médiateurs sociaux, etc. : « Tiens, il y a beaucoup de dossiers d'émigrés qui attendent ; toi qui parles arabe, va t'en occuper »...

Le système est ainsi fait que l'on intègre toujours les émigrés comme parfois les exilés, au bas de l'échelle.

Les musulmans sont-ils conscients de cette sorte de discrimination fourbe qui se traduit par l'usage du terme « émigré », en ignorant celui d'exilé, et en souffrent-ils ?

Oui, ils en sont éminemment conscients, et en souffrent beaucoup. Je n'évoque même pas *les* ouvriers, car, eux, ont compris que, malheureusement, leur sort est scellé. Le secteur du bâtiment résiste toujours, mais des pans entiers de l'industrie automobile, qui était la plus grande source d'emplois à une certaine époque, s'effondrent, cette industrie ayant cédé le pas devant les Japonais, devant l'automatisation, l'expatriation des usines, etc. Dans le secteur automobile, les ouvriers de base n'existent plus. Même les « derniers de la classe » sont devenus contremaîtres ou chefs d'équipes, quand ils ne sont pas à la retraite.

En fait, le problème est beaucoup plus aigu chez les intellectuels. Il s'agit de personnes qui ont fait de très longues études et qui, lorsqu'elles se retrouvent face à des responsabilités dans des centres de décisions, des métiers nobles, comme universitaire de haut rang, ingénieur, se voient alors évincés car ils ne sont pas Français, ou parce qu'ils viennent du « Sud... » Il arrive même que, perfidement, ils soient écartés pour des raisons de Sécurité Nationale, évoquant le piratage économique !

Cette discrimination ne peut-elle pas aussi être vécue par des Français d'origine, par exemple entre les provinciaux et les Parisiens ?

Le provincial français peut, lui aussi, connaître une sensation d'exilé, l'impression de ne pas être dans la norme. Il ne peut pas entrer dans le cercle parisien, parce que Paris a sécrété un système qui, à l'instar de la seiche ou du poulpe, envoie de l'encre dans les yeux des gens qu'elle ne veut pas voir, et les noie dans ce jet d'encre. Ce système autorise certains à pénétrer dans le saint des saints, par une porte dérobée, et laisse les autres dehors. Certes, un effort a été effectué, mais, en France, cela reste encore un système de coteries, un système jacobin, où tout est centralisé sur Paris. Aux États-Unis, il y a bien sûr New York, mais aussi d'autres grands centres comme San Francisco, Philadelphie, Chicago, New Orleans. Dans chaque État, il existe de grandes universités, dont certaines (UCLA, Stanford, Berkeley) sont tout aussi prestigieuses que celles de New York et beaucoup sont privées !

En France, ce n'est le cas. Vous avez, à Paris : la Sorbonne, l'École Pratique des Hautes Études, Sciences-Po., etc., et si vous avez fait vos études de sciences politiques à Grenoble ou à Strasbourg, vous valez moins ! Dès lors, puisque tel est un peu l'esprit français, je suis en accord sur le fait que cette sorte de discrimination est aussi valable pour les étrangers en général, que pour les Français.

Le changement, dans sa notion la plus profonde et la plus fondamentale, est souvent effrayant et paralysant.

En dehors de l'apprentissage de la langue propre au pays dans lequel il arrive, quel est le premier changement éprouvant auquel un musulman qui s'installe en Occident doit faire face ?

Là encore, nous devrions préciser la catégorie de personnes dont nous parlons. D'une manière générale, l'individu qui a fait le travail nécessaire de deuil par rapport à son milieu et qui, d'emblée, s'est inscrit dans l'universel, en disant : « Je suis né, accidentellement, en Algérie (ou au Maroc, en Tunisie, en Égypte), mais je ne suis pas uniquement déterminé par ma naissance. Je peux également être déterminé par ma culture, par ma curiosité, par mon savoir-faire, par mon travail, par mon tonus, par ma personnalité, par les passions que j'aurai, par la vie elle-même, la chance, etc. Le déterminisme de ma naissance joue sûrement sa part dans la nostalgie, dans le lien avec ma famille, l'envie de retourner se ressourcer dans mes terres d'enfance, ceci est tout à fait naturel et compréhensible, mais ne va pas plus loin. J'ai choisi l'universel par rapport au particulier et je situe ces deux axes comme je le désire. »

Il est évident que la personne qui tient un tel discours et s'installe en France n'a alors aucun souci, même si elle ne maîtrise pas correctement la langue française.

Le fait de s'inscrire dans l'universel permet à l'individu de mettre en sourdine les éléments qui le spécifient, qui en font l'ethnotype : la langue, la culture, la religion, la famille, les traditions qui, normalement, ont vocation à l'ancrer chez lui, mais par rapport auxquels il a accompli une rupture. Et, grâce à cette rupture intime, il se retrouve tel qu'un exilé argentin, polonais, ou américain.

Nous sommes, néanmoins, encore confrontés à une double grille de lecture, car en ce qui concerne l'ouvrier transplanté économiquement et qui a peur de l'Occident, la démarche n'est pas la même.

Justement, pour ces derniers, qui composent encore la majorité des émigrés, quel est le changement fondamental qu'ils ont à affronter ?

Au-delà des changements climatiques, géographiques, spatiaux, le premier changement est un bouleversement du visible et du caché. À mon sens, la violence de ce que l'Occident expose aux yeux des étrangers est parfois insupportable pour eux. Beaucoup de musulmans repartent immédiatement quand ils voient la manière dont l'Occident s'expose et se met en scène, en particulier dans le domaine sexuel.

À quelle violence particulière faites-vous référence ?

Par exemple, la violence sexuelle.

Est-ce la mise en scène des corps par l'intermédiaire de la publicité qui choque les émigrés ?

Oui, entre autres. Le sentiment violent vient peut-être aussi de l'autonomie du sujet occidental : le fait que la femme décide librement de sortir ou non, de conduire une automobile, de diriger une société, de créer un magasin, d'être chef d'une équipe ; bref, d'être un sujet singulier, conscient. Une telle situation exige des émigrés musulmans beaucoup de réflexion, ils doivent effectuer une « décantation » à grande vitesse. Quand ils voient une femme qui est chef, et oublie qu'elle est femme, pour n'être seulement que chef, qu'elle se moque totalement de son apparence physique, qu'elle n'est pas dans la séduction mais se borne à appliquer les règles, les hommes sont bouche bée ! D'ailleurs cela ne concerne pas seulement les femmes qui ont un statut de chef d'entreprise, mais aussi les simples secrétaires, qui ont certaines responsabilités et les reçoivent à un guichet, méticuleuses, polies, pointilleuses, professionnelles.

Pour les hommes musulmans cela est très difficile. Pour

autant, ils font très rapidement le travail nécessaire pour dépasser cette difficulté, sinon ils sont rejetés.

Un jour un ami me dit : « Aux Occidentaux, nous envions leurs lois, mais pas leur société. Ici, en France, il est fréquent de voir quelqu'un entrer dans un supermarché, prendre un grand caddie, et ressortir avec seulement deux boîtes de nourriture pour animaux, un plat préparé *allégé* pour lui-même, et rentrer chez lui. Nous, nous n'avons peut-être pas de lois, mais nous avons une société où jamais quelqu'un ne se sentira seul au point de s'acheter un plat surgelé allégé ou un paquet de chips, pour affronter une soirée devant sa télévision avec son chat. Chez nous, les gens isolés doivent toujours trouver quelqu'un à qui parler quand ils le veulent ou en ont besoin ; il existe une société qui prend en charge les êtres, que ce soit un homme ou femme, un vieux, un jeune. En Occident, les vieux sont abandonnés ; il y a des lois, mais sans société. »

Je dois reconnaître qu'entendre stigmatiser ainsi cette dualité m'a beaucoup marqué.

Évidemment, ce n'est pas valable pour tous, le prix qu'un individu accorde à une soirée qu'il passe seul à regarder sa télévision ou à écouter France-Musique, à lire un livre, à rêvasser, à écrire des lettres d'amour, etc., est parfois précieux, et cela n'existe pas chez nous.

Toutefois, le témoignage de cet ami nous montre à quel point les Orientaux peuvent craindre l'isolement quand ils arrivent en Occident. C'est d'ailleurs un des éléments qui les effraient le plus. Auparavant, ils ont vécu dans un contexte global, complexe, riche, fécond du point de vue des relations, ils n'étaient jamais isolés – du berceau à la tombe.

En Occident, dès votre arrivée, vous êtes isolé. Le fait de se retrouver à Paris, au sein de quinze millions d'habitants, et de ressentir la solitude, effraie beaucoup les étrangers car c'est une solitude non voulue, non acceptée, non domestiquée.

Beaucoup d'Occidentaux souffrent également de solitude, mais, depuis l'enfance, ils sont plus ou moins préparés à cela, elle est culturellement admise. Je dis « plus ou moins », parce que je crois que, néanmoins, on n'est jamais réellement préparé à la solitude ; d'une manière ou d'une autre, elle nous pèse toujours.

Seulement, les musulmans n'admettent pas la solitude, le concept de la solitude est, pour eux, un concept violent.

Parmi les divers changements auxquels ils sont confrontés, quels sont d'après vous ceux qui peuvent être justifiés, et ceux qui ne le sont pas ?

À mon avis, les changements justifiés sont les changements de règle du jeu. Lorsqu'on vit dans une société, il faut accepter de se soumettre à ses règles. Si vous allez au Japon et que vous voulez vivre avec les Japonais, il faut accepter leurs règles, aussi folles soient-elles.

Seulement, les limites se situent au niveau de la vie privée. Autant, socialement parlant, je peux apporter ma quote-part, participer à diverses choses, autant sur le plan privé, j'ai le droit d'avoir une vie différente de celles des autres. Comme cela ne perturbe en rien la vie en société, il n'y a aucune raison de m'en empêcher. Contraindre un émigré à transformer sa vie privée est un exemple de changement inacceptable.

Or, il est fréquent que les Occidentaux exigent des émigrés musulmans qui viennent dans leur pays certains changements difficiles. Les femmes sont notamment prises à partie quand elles se voient reprocher de ne pas être conformes aux normes occidentales. On ne leur laisse pas le temps de, doucement, considérer que le statut de la femme occidentale n'est pas moins enviable que le leur.

Le problème ne vient-il pas aussi du fait qu'on ne leur laisse même pas le temps de le désirer ?

Voilà ! C'est cela. On ne leur laisse pas le temps de désirer être une femme à la manière occidentale. On leur dit : « Quoi ! Tu portes une robe qui descend jusqu'aux chevilles, tu portes un voile, tu portes ceci, tu portes cela ? Mais tu n'es pas normale ! Tu dois être laide. »

On ne leur donne pas la possibilité d'être des femmes épanouies dans leur statut singulier. Il existe aussi des exigences de changement assez inacceptables (et qu'il faut sans doute approfondir) sur le plan alimentaire, le plan par exemple des mœurs, des appréciations individuelles. Ce qui est également inacceptable, c'est que certains se permettent vis-à-vis d'un étranger des exigences qu'ils n'auraient pas vis-à-vis d'un citoyen de leur pays, comme des jugements arbitraires, positifs ou négatifs. Si vous faites une remarque humoristique à propos d'un berrichon, ou d'une personne d'une quelconque province française, même si vous le tournez un peu en dérision, comme il est français, cela se passe bien, ce n'est pas vécu comme une exclusion violente. Mais quand, même sans méchanceté aucune, vous faites une remarque désobligeante à un étranger, cela renforce son étrangeté, ce qui est une forme de violence. Il n'est pas nécessaire d'imposer aux étrangers des injures racistes, des regards de biais, car, étant donné qu'ils souffrent déjà de l'anonymat, de la solitude et de bien d'autres tourments encore, si, en plus, vous y ajoutez des paroles et des attitudes discriminantes, vous les tuez deux fois.

Face à la contrainte de certains changements injustifiés, l'émigré n'est-il pas, justement, tenté de proférer des jugements arbitraires négatifs sur le pays d'accueil et ses habitants, au point

de devenir réfractaires face aux nouvelles valeurs rencontrées, notamment par peur de perdre ses propres repères ?

Sans aucun doute. Et ce raisonnement est également valable pour l'exilé. Précédemment vous proposiez le mot « ajustement » pour le rapport des êtres les uns avec les autres, et c'est un mot que j'apprécie car dans « ajustement » il y a le mot « juste ».

Autant, comme exilé, je demande à la société d'accueil de ne pas commettre d'amalgames, de ne pas être injurieuse à mon égard, de ne pas me considérer comme une totalité et de m'accepter avec ma singularité, autant je me dois aussi d'effectuer la même démarche vis-à-vis de la communauté d'accueil. L'émigré, comme l'exilé, ne doit pas considérer qu'il est un tout, mais seulement un être particulier et, dès lors, doit accomplir le travail d'accompagnement et de compréhension nécessaire envers la société qui l'accueille, de façon à lui rendre justice chaque fois qu'il constate que la dérive est individuelle et non collective.

Pourtant, les discriminations invisibles sont, malheureusement, nombreuses et variées. D'un émigré on n'accepte rien qui ne soit parfait. Quand un émigré (ou exilé) fait une erreur en français, on dit qu'il a fait une « faute », mais si c'est le cas pour un Français, on dit que c'est un lapsus !

Voilà un exemple sympathique de discrimination non officielle. Il faut impérativement ne pas être trop sévère avec les exilés. Il faut essayer de les juger sur les mêmes bases que les natifs du pays. Ils n'en demandent pas plus.

Le sentiment d'exil est-il exacerbé par le fait qu'aucune loi ne prenne réellement en considération les émigrés ou les exilés ?

D'une manière ou d'une autre, le sentiment d'exil est toujours là.

Un jour, j'ai rencontré un sans-abri sur la place Saint-André-des-Arts, il avait une bouteille de vin à moitié pleine, à moitié vide (ambiguïté de la langue française) dans une main et un journal algérien dans l'autre et quand je lui ai demandé : « Comment ça va au pays ? », il me répondit : « À quel point de vue ? ».

Je me suis alors rendu compte que ma question était trop sommaire, que cet homme était dans une réflexion plus élaborée. Nous avons commencé à discuter et j'ai découvert qu'il était ingénieur d'État en Algérie, et que, arrivé en France, pour différentes raisons, il n'avait trouvé aucun emploi. Il n'avait pas trouvé le bonheur qu'il cherchait, il n'avait pas de papiers, etc. Je lui ai bien sûr demandé comment il faisait pour vivre et sa réponse me stupéfia : « Tu sais, avec les Français, c'est très simple. Je me rends dans une agence pour l'emploi, ou une agence d'intérim, avec la carte de séjour d'un copain, je m'inscris sous son nom et ainsi je peux parfois travailler quelques jours. Il ne se rendent compte de rien parce que, pour eux, nous nous ressemblons tous ! »

Quand l'amalgame va jusqu'au fait de confondre les visages, n'est-ce pas la dépersonnalisation absolue ?

Absolument. Nous sommes vus comme une totalité et non comme des individualités. Pour autant, je ne considère pas cela uniquement de manière négative. À mon avis, si nous avions été intégrés et banalisés (avec les douleurs que l'on connaît) aussi vite que les Italiens, les Espagnols, les Polonais ou même les Portugais au début du siècle (les Portugais sont représentés par la femme de ménage, les Polonais sont ceux qui ramassent les pommes de terre ou extraient le charbon, les Italiens ce sont les macaronis, etc.), cela aurait été plus préjudiciable. Comme eux, nous aurions rapidement été intégrés, absorbés, assimilés, et nous aurions peut-être perdu notre combativité.

Comme je le disais, lorsqu'on est exilé, on se doit de respecter les règles du pays d'accueil, mais, pour cela, il faut avoir une forte capacité de survie. Personnellement, cette obligation ne me dérange pas, pas plus qu'elle ne m'effraie, car cela correspond parfaitement à ma personnalité. La difficulté ne me fait pas peur. Ce qui m'inquiète plutôt, c'est lorsque tout est réglé à l'avance, que je n'ai rien à faire, que je marche sur du velours. En fait, quand je suis dans la nécessité de survivre, de survivre à l'anéantissement, cela me réussit parfaitement. Peut-être suis-je un peu masochiste... (rires).

Philosophiquement, le terme « changement » sous-entend « échange » ? Ne pensez-vous pas que cette notion d'échange est trop peu présente entre les émigrés arabes et les Occidentaux avec qui ils vivent au quotidien, alors que, justement, ce pourrait être une solution pour échapper à l'exclusion, au refus de la différence de l'autre, états d'esprit qui mènent, au mieux à l'indifférence, au pire, à la violence ? Accéder au changement par l'échange, est-ce possible ?

Ce serait l'idéal. Mais, à mon avis, derrière ce désir se profile une sorte d'utopie qui ne se vérifie pas du tout dans la réalité.

Dans la réalité, il s'agit toujours d'un échange inégal. Il me semble que nous en sommes toujours à la définition de l'immigré, du début du XXe siècle, voire du XIXe siècle. L'immigré est la personne que l'on fait venir, pour boucher les trous ; pour être utile à des postes prédéterminés. Nous ne sommes pas du tout dans l'échange. Nous n'apprenons alors (ni ne désirons apprendre) rien de l'immigré, ni sa langue, ni ses coutumes, ni sa religion. Tout cela reste étranger à l'Occidental et, d'ailleurs, il veut que cela soit ainsi. Dans cet esprit, il construit des bâtiments à l'extérieur de la ville, pour que les immigrés restent entre eux, qu'ils égorgent leurs moutons ensemble et qu'on ne voie surtout pas leurs rituels, car ils sont barbares et choquants.

En réalité, la mutation est venue de l'intérieur, une mue permanente du phénomène de l'immigration et du phénomène de l'exil. Imperceptiblement, il se produisit une évolution sociale très lente. Des ouvriers montent dans l'échelle sociale, s'enrichissent grâce à leur travail, et certains ne sont plus immigrés, mais résidents, et demeureront toute leur vie en France. En outre, il existe aussi le riche touriste étranger, qui peut même être ponctuellement immigré, exilé, transplanté pour trois mois, qui vit avec sa fortune au *Ritz*, circule dans des limousines avec un chauffeur français, se fait livrer ses repas de chez Hédiard ou Pétrossian, etc.

En réalité, l'échange existe, mais nous n'en sommes pas toujours conscients. Et même si nous le refusons, il reste permanent. La raison en est simple : pour vivre, l'étranger qui réside en France doit consommer. Il y a donc, au moins, un échange de biens matériels.

La ville de Marseille s'est, par exemple, extrêmement appauvrie quand ils ont commencé à freiner l'immigration. Les Occidentaux conservent une vision de l'immigré pauvre, sale, mais c'est une erreur ! Environ les deux tiers d'entre eux sont riches, déjà matériellement, et aussi, pour certains, riches intellectuellement. Et, dans ce cas, il se peut, en effet, qu'il y ait échange, bien qu'il ne soit pas comptabilisé. C'est comme s'il s'agissait d'une richesse qui n'entre pas dans la nomenclature des impôts, une richesse presque superflue et que l'INSEE ignore superbement.

Il faudrait donc que l'évaluation du phénomène de l'immigration prenne également en compte cette question et que l'on estime correctement à quel degré se situe l'échange (et de quelle nature est-il, réelle ou symbolique ?) entre la communauté d'accueil et la communauté d'étrangers.

En clair, qu'apporte réellement l'immigré à la France, en dehors de sa seule force de travail ?

L'échange implique le principe de réciprocité, notamment indispensable lorsqu'il s'agit d'échange social, humain, d'échange de connaissances, puisque, pour cela, l'autre doit être reconnu comme alter et alter ego. Quelle est la position du musulman d'aujourd'hui face à cette notion d'alter et d'alter ego, donc d'indépendance du sujet, (l'autre est un « Je » singulier et non pas englobé dans un « Nous » collectif) ce qui, justement, est la condition nécessaire à l'échange par réciprocité ?

Malheureusement, je crois que le musulman est souvent contraint de constater l'absence de cet échange sur le plan symbolique, philosophique, sur le plan des valeurs humanistes, de la solidarité, du respect, de l'écoute et de la vision de l'autre. Et pourtant, il désire cet échange plus qu'on ne le croit.

Il le désire tant, que les mariages mixtes les plus nombreux se font entre Algériens et Françaises ou Algériennes et Français. Il y a donc bien un échange à ce niveau, et le fait que les Algériens cherchent de plus en plus à le généraliser est le facteur d'un épanouissement affectif, sexuel et personnel. D'ailleurs, ces mariages mixtes sont devenus tellement courants que ce sera peut-être le phénomène futur ; le phénomène de demain sera celui de la mixité.

Il n'est donc pas si utopique que cela de penser que le changement pourrait venir par l'échange, seulement il s'agirait d'échanges humains et affectifs, d'échanges d'êtres à êtres ?

Exactement. À mon avis, il s'agira d'échanges individuels, d'une personne à l'autre, avec, la plupart du temps, de fortes émotions comme moteur : l'amour, la passion, l'admiration, la fascination. Certaines personnes passeront outre le canevas qu'on leur avait globalement tracé – le canevas des anciens, de la société, de l'histoire –, et joueront alors leur partition individuelle.

Mais cela ne pourrait donc se produire qu'à partir du moment où le musulman osera s'extraire du collectif pour accéder à son «Je» singulier, afin de s'épanouir en tant qu'individu ?

C'est exact. Et, à mon avis, le musulman doit adopter cet état d'esprit dès le premier instant de son arrivée dans un aéroport français.

En fait, il y a deux sortes de musulmans qui atterrissent en France.

Les premiers vont directement de l'aéroport à un quartier arabe, où ils ne fréquenteront que des Arabes. Pour eux il n'y aura donc ni changement ni échange avec les Occidentaux, puiqu'il n'y aura pas eu de rupture. Ils rejoignent le pseudopode qu'ils ont créé dans un autre pays, conservant les mêmes mécanismes, intellectuels, mentaux, affectifs – ils vivent entre eux.

La seconde sorte de musulmans qui arrive sur le sol français, est cette fois ceux qui s'installent aussitôt dans un environnement pluriel. Par exemple, cela peut être le cas des étudiants qui résident dans la cité universitaire, de voyageurs commerciaux qui dorment à l'hôtel, ou encore de touristes...

Il s'agit très rarement d'ouvriers, car, là encore, malheureusement, un des constats sociologiques est que nous retrouvons le déterminisme du métier. Moins l'ouvrier est cultivé, plus il se sent en sécurité avec les siens. L'analphabétisme, qui est déjà un phénomène très gênant pour un Français, devient totalement paralysant pour un étranger qui, lui, ne peut retrouver ses marques qu'avec des gens parlant sa langue, et qui ainsi n'en sort jamais.

Cependant, l'exclusion et le phénomène des ghettos sont infiniment plus développés aux États-Unis et en Angleterre qu'en France. L'une des qualités du système français est qu'il a quelque peu réduit les plus importantes poches des ghettos. Évidemment, il reste encore des ghettos économiques, mais, culturellement, il y a une importante porosité entre les émigrés et la société d'accueil. Une mère de famille peut suivre des cours d'alphabétisation afin d'aider ses enfants durant leur scolarité et, au fur et à mesure, parvenir ainsi à comprendre la langue du pays d'accueil, à aller voir un film au cinéma, etc.

Il reste à savoir si c'est le système lui-même, c'est-à-dire les lois, les structures, le système d'éducation, l'intégration par l'école, qui développe chez les individus la volonté d'échanger avec *alter*, ou plutôt l'individu qui génère cela par sa composante personnelle, par son instinct de vie, sa personnalité, sa curiosité...

La question reste ouverte.

Car, finalement, il n'est pas forcément nécessaire d'être très cultivé pour être curieux... La curiosité est un moteur de culture. À mon avis, le travail se fait à mi-chemin entre un système d'exclusion ou d'intégration, et une volonté personnelle.

Dans la notion d'ajustement que nous avons évoquée, il ne faut pas oublier que ce principe ne fonctionne que si les deux parties veulent s'ajuster. La communauté nationale pourra toujours être ouverte, tolérante, si les gens la traversent sans vouloir dialoguer, il n'y aura aucune possibilité d'ajustement.

Ne craignez-vous pas que cette ouverture au changement, que l'ajustement des individus les uns aux autres par l'échange mutuel, ne puisse être lourdement remis en question à cause de la grave expansion du terrorisme intégriste musulman ?

Concernant « l'après-11 septembre », il existe deux phénomènes majeurs qui affectent l'image des musulmans en France et dans le monde.

Il est vrai que le drame du 11 septembre 2001 a déclenché une frayeur générale, apocalyptique, qui a figé tout le monde, à commencer, bien sûr, par les musulmans. Je parle au nom des musulmans, mais je comprends parfaitement que les Occidentaux, les chrétiens, ceux qui se sentent visés, aient été plus paralysés que nous.

Il est donc indéniable que ce fut un traumatisme. En fait, je pense que pour les Occidentaux « l'après-11 septembre 2001 », fut presque l'équivalent de l'année 1492 pour les musulmans, quand ils perdirent l'Andalousie et qu'ils entrèrent, par la force des choses, dans une autre phase de leur histoire. De même, pour l'Occident, la date du 11 septembre 2001 semble un point de non-retour, une sorte de choc si violent, qu'il empêche tout retour en arrière. Je comprends l'émotion qu'un tel choc peut produire et, personnellement, je la partage ; je suis suffisamment acculturé, pour sentir aussi l'angoisse des Occidentaux.

Puis, d'autre part, phénomène absolument paradoxal que nous constatons chaque jour, cela a également déclenché une curiosité vis-à-vis de l'islam, qui n'existait pas auparavant. Non seulement l'islam n'était pas connu, mais il n'existait pas en tant que pôle de connaissances, et nous constatons avec bonheur que, depuis le 11 septembre 2001, en Occident en général, il s'est répandu une vraie boulimie de compréhension de l'islam, qui s'exprime à travers de multiples questions.

Depuis, l'islam fait partie intégrante des connaissances que l'Occidental cultivé doit posséder, et le fait que l'islam soit, aujourd'hui, devenu une exigence élémentaire, une nécessité pour l'homme cultivé, est paradoxal.

Bien sûr, cela répond certainement à une attitude de protection très humaine que je comprends aussi. Depuis l'aube de l'humanité, face à celui qui possède le feu, chacun sait qu'il vaut mieux savoir de quoi il en retourne afin de mieux s'en protéger. Au-delà de cette curiosité quelque peu utilitaire, orientée, biseautée, il y a malgré tout une fascination et une curiosité tout à fait saines. Elles accompagnent, bien que timidement, la volonté nationale de mieux impliquer l'islam et les musulmans.

En réalité, ce grand choc que fut pour l'Occident le drame du 11 septembre 2001 à New York a sans doute, dans un premier temps, freiné les échanges qui peu à peu se mettaient en place, mais, dans un second temps, il contribuera peut-être à créer une ouverture sur le monde musulman, ouverture qui n'existait pas auparavant.

Exactement. Selon moi, sur le long terme, l'Occident finira par comprendre que l'islam doit avoir sa place à la *Table* où se prennent les décisions du monde, qu'il doit participer au repas totémique que l'Occident, jusqu'alors, se réservait pour lui. Dorénavant, s'il y a échange, il faudra que l'échange soit de cet ordre-là et que, symboliquement, l'islam ne soit plus seulement l'ennemi.

Si l'islam était accepté au « repas totémique », comme vous le dites, serait-ce alors la fin des intégristes et des fondamentalistes ?

Selon moi, oui. L'islam demande un ajustement. Le problème est que la demande des musulmans est légitime. De fait, les intégristes donnent une très mauvaise réponse à une question pourtant excellente. Dans leur langage exacerbé, leur réponse est sectaire, exécrable, et nous fait mal à nous, musulmans.

Ainsi, tant qu'il y aura une bonne question et une mauvaise réponse, le travail d'ajustement devra se faire en priorité sur ce point. Nous devons nous-mêmes nous débarrasser de nos extrêmes, les isoler, les dénoncer, afin que soit enfin faite la distinction entre les violents et les non-violents.

Les non-violents, je le rappelle, sont extrêmement majoritaires, encore faut-il qu'ils se manifestent.

Les violents sont peut-être minoritaires, mais ils font des dégâts...

Oui, mais, pour autant, il ne faut pas négliger le fait qu'il y a tout de même un milliard cent millions de personnes, qui, elles, ne font pas de dégâts !

En réalité, les musulmans modérés désirent seulement que les autres états puissants leur fasse une place à la **Table** ***des décisions, alors que les intégristes, eux, veulent supprimer tout ceux qui sont déjà assis autour de la table et conserver les places pour eux seuls ?***

C'est cela. Les intégristes refusent l'échange. En fait, ils refusent même de s'asseoir à la *Table*, pour eux la *Table*, n'existe même pas, seul l'ennemi existe !

Les musulmans non violents veulent discuter avec les autres et être placés au même niveau d'égalité qu'eux, ni plus ni moins, mais les intégristes le refusent. S'asseoir ensemble autour d'une table suppose qu'il y ait déjà une société, que l'on ait commencé à discuter, que l'on se respecte, alors qu'eux ne veulent surtout pas discuter ni respecter qui que ce soit.

Ils désirent uniquement détruire la *Table*, et les Occidentaux qui y siègent.

Ces formations extrémistes n'entendent pas raison et veulent imposer leurs lois par la force – c'est une secte que nous refusons. L'islam connaît cette secte depuis longtemps, même si l'Occident, lui, ne l'a découverte qu'au début du XXIe siècle.

Nous la connaissons depuis le prophète Mahomet ; et elle a toujours mis des bâtons dans les roues à tous les empires, à tous les califes qui ont voulu être novateurs, ouverts et modérés.

Nous connaissons nos fanatiques...

La seule chose qui les intéresse est de faire *Table* rase de nos échanges, quand, nous, nous désirons faire *Table* commune.

En réalité, il n'y aurait pas seulement l'islam et l'Occident qui soient en affrontement, mais également l'islam contre l'islam ?

Le problème est que, à l'intérieur de l'islam, personne n'est élu, et comme personne n'est légitime, chacun est légitime ! Puisque personne n'incarne la volonté collective, chacun incarne la volonté collective !

Et c'est en cela que le problème est urgent, aigu, il n'y a ni représentativité ni légitimité.

Chacun est responsable de lui-même et de tout le monde.

Concernant l'islam de France, nous touchons du doigt la difficulté que cela représente, depuis que le ministère de l'Intérieur veut obtenir un unique représentant des musulmans de France et, pour cela, crée un certain nombre de cercles de discussions. Seulement, les musulmans fonctionnent en France comme dans leur pays d'origine ! Si chacun est responsable de tout le monde, personne n'est responsable de personne ! Et sans élections, il n'y aura toujours pas de légitimité.

Chacun parle à Dieu, directement, comment voulez-vous faire entrer cela dans un concept d'État laïc et dans une démocratie ?

Chapitre 5

L'OCCIDENT : OBJET DE CRAINTES ET DE DÉSIRS

Exil et respect des traditions

> *« Par quelle fatalité, honteuse peut-être pour les peuples occidentaux, faut-il aller au bout de l'Orient pour trouver un sage simple, sans faste, sans imposture, qui enseignait aux hommes à vivre heureux six cents ans avant notre ère vulgaire, dans un temps où tout le septentrion ignorait l'usage des lettres, et où les Grecs commençaient à peine à se distinguer par la sagesse ?*
>
> *Ce sage est Confucius... »*
>
> VOLTAIRE (1694-1778)

Précédemment, vous nous disiez que les Orientaux (principalement les musulmans), devraient s'interroger activement sur ce qui les effraie le plus dans l'Occident. Selon vous, les musulmans se posent-ils néanmoins cette question, ou bien l'état d'esprit dans lequel ils se trouvent, fait que cette question ne s'impose pas ?

Personnellement, je pense que cette question s'impose, ô combien, aux musulmans et, chaque jour, ils font l'amère expérience de ce qui les effraie le plus dans cet Occident, à la fois honni et perçu comme impur, bien que nombreux soient ceux qui n'en ont pas une connaissance concrète. Leur pensée est souvent très distanciée, en premier lieu par l'éloignement géographique, mais aussi par la différence des connaissances ; la question se pose pourtant avec force, parce qu'ils constatent que cet Occident *impie* est, en même temps, extrêmement attirant, volontariste.

Vu de loin, il triomphe, brille de tous ses feux, il est dans son âge d'or et, d'une certaine manière, il devient ainsi l'antithèse de leur échec.

Cet Occident est donc honni, détesté, craint, car il illustre leur incapacité, leur revers. Les musulmans sont comme dans un jeu de miroirs, mais le miroir n'est pas en leur faveur. Dès lors, il est évident que de nombreuses questions se posent à eux – questions qu'ils voient traitées (et bien traitées) par les Occidentaux.

L'Occident serait-il, en somme, une source d'agacement, une source de frustration, et donc de violence ?

Oui, et la peur est justement issue de cette architecture composée de frustrations, d'agacements et d'impossibilités. Si cela les effraie, c'est parce qu'ils en sont quasiment paralysés. Ils voient bien que l'Occident est en mouvement, mouvement qui, en réalité, est celui de l'ensemble de la planète fonctionnant sur le modèle occidental, c'est-à-dire cette impulsion fournie par l'Occident qui est devenue la « norme ».

Par conséquent, la forte inquiétude des musulmans vient de ce qu'ils se voient dans l'impossibilité totale de suivre cette évolution mondiale. Face à la mobilité de l'Occident, ils restent rigides, demeurent complètement immobiles et se découvrent alors dans cet état particulier qu'est l'angoisse de l'impuissance. Une impuissance d'autant plus grande, d'autant plus frustrante, amère, inacceptable, inenvisageable, qu'eux-mêmes, il y a quelques siècles à peine (ce qui est court dans l'histoire de l'humanité), furent les initiateurs ou les précepteurs de cet Occident.

Il constate le chemin qu'ils ont parcouru... Mais cette fois dans le mauvais sens !

N'existe-t-il pas aussi une autre crainte, celle de la perte d'identité originelle du musulman confronté au monde occidental ? N'est-ce pas cette peur qui s'exprime par le refus de l'individualité occidentale (ouvrant la porte à l'émergence de l'individu singulier), qui, d'une part, est condamné par ce que vous nommez le « clergé moral islamique » refusant cette autonomie, mais qui est également repoussé par les musulmans eux-mêmes qui craignent le « qu'en dira-t-on » de leur communauté ?

Ce que vous évoquez-là est, à mon avis, crucial. Et il est navrant de voir que ce problème est toujours écarté, qu'une réflexion approfondie à ce sujet est toujours reportée !

De toutes parts en Orient, qu'il s'agisse des théologiens, des hommes politiques (illégitimes), des citoyens eux-mêmes (aliénés ou inhibés – l'inhibition étant une forme d'aliénation), ou encore des élites morales et intellectuelles, tous remettent à plus tard l'émergence de l'individu !

Cette attitude illustre d'ailleurs bien l'immobilisme dont je parlais ; immobilisme qui atteint la collectivité dans son ensemble, et chaque individu en particulier. Rappelons-nous ce que disait Démocrite, le philosophe grec, atomiste avant l'heure : « *L'individu m'est autant que tout un peuple ; le peuple autant qu'un individu.* »

Tant qu'il n'y a pas une émergence de l'individu singulier, il ne pourra évidemment pas y avoir de remise en question politique, pas plus que de remise en question dans le domaine sexuel : la femme continuera d'être assujettie à l'homme. Car il est vrai que, dès l'instant où elle commencera à être un sujet singulier, elle deviendra revendicatrice sur divers plans, dont celui de l'égalité des sexes.

À l'échelon politique, le fait que la communauté règle l'ensemble des problèmes entrave l'émergence d'une véritable autonomie du sujet qui, avec ses syndicats, ses revendications, ses marches, ses protestations, permettrait enfin de ne plus accepter l'anomie, de ne plus accepter le déni ou l'incurie des politiques. Ce comportement étouffant offre aussi aux personnes responsables des secteurs économiques l'opportunité de ne pas se poser la question de la corruption. En effet, comme nous le savons, dès l'instant où il existe un puissant syndicat ouvrier face à une entreprise, dès l'instant où le chef de cette entreprise peut être jugé et condamné, que sont présents (dans les structures économiques modestes aussi bien que gigantesques) des éveilleurs de conscience, le patron ne peut évidemment plus se comporter en roi de droit divin face à ses vassaux. Il devra, personnellement, rendre des comptes, y compris sur le plan de la gestion.

Or, jusqu'à maintenant, les responsables économiques ont toujours fait corps avec leur entreprise, la considérant comme la leur.

Il en est de même pour les hommes politiques, qui font corps avec le pays qu'ils dirigent et l'estiment comme leur propriété exclusive. Quant aux religieux, ils se comportent de la même manière par rapport à leurs mosquées, à leurs ouailles, etc., se jugeant comme l'émanation de la volonté divine et, par voie de conséquence, comme uniques détenteurs de la religion. Dans le milieu musulman, cet étrange système est stigmatisé par la persistance d'une pseudo-hérédité dans le titre d'imam. Dès lors que, dans une famille, un homme est devenu imam, ses propres fils le seront à sa suite ; cette « tradition » devient un héritage de la chose religieuse.

Voilà pourquoi nous pouvons ainsi trouver, de par le monde, des imams (ou pseudo-imams) qui, en fait, ne sont que les fils de leur papa...

Étant donné qu'ils n'ont, finalement, aucune compétence particulière pour être imams plus que d'autres, ne nous trouvons-nous pas dans un système identique à celui de la royauté ?

Absolument. L'islam, avec la confusion qu'il inclut entre le temporel et l'intemporel, fausse les repères. Pourtant, le temporel doit être temporel, et l'intemporel rester intemporel.

Seulement, comme il existe une complicité officieuse entre le politique et le religieux, chacun s'arrange dans l'ombre. Par exemple, le politique dit au religieux : « Occupe-toi de la partie intemporelle et religieuse, tu es libre, tu fais ce que tu veux dans ce domaine. En revanche, tu me laisses tranquille pour ce qui est de l'ordre du temporel. »

Ainsi, l'imam s'accapare l'intégralité du fief intemporel, le considère comme sa propriété personnelle et, ses fils devenant des imams à leurs tours, le pouvoir sur l'intemporel devient héréditaire.

Pourtant, il n'y a aucune raison qu'il en soit ainsi, ou alors, comme vous le soulignez, l'islam est une royauté !

Au début du XXe siècle, Ali Abderraziq (1888-1966), théologien égyptien, posa la question de savoir si le califat était une *chose* religieuse ou politique, et il lui fut répondu que l'islam était les deux.

Mais laquelle détermine l'autre, laquelle gouverne l'autre ?

Après quatorze siècles d'islam, aujourd'hui encore, rien n'est clarifié à ce propos. Le droit de l'imam (comme pour le *calife*, ou encore l'*émir* qui signifie « *commandeur* des croyants », d'où la confusion à propos du pouvoir...) est-il politique ou théologique ?

S'il est théologique, il ne doit s'intéresser qu'aux affaires religieuses et non s'ingérer dans la vie en société. Ce qui, malheureusement, n'est pas le cas.

Souvent, en islam, le « roi » est, à la fois, « roi » du civil et du privé, c'est-à-dire régnant sur le public comme sur le privé.

Ce sont de telles confusions préjudiciables que les musulmans doivent traiter prioritairement, et cela est lié à la question que nous évoquions précédemment : en quoi l'Occident les obsède tellement, les fascine et les angoisse ? À mon sens, cela vient de ce que l'Occident a réussi à trancher le cordon ombilical entre politique et religieux, ce qu'ils ne sont pas encore parvenus à réaliser. Et, sur ce point, les musulmans jalousent l'Occident, l'envient, sans, bien évidemment, l'admettre, car il très difficile d'admettre que l'on est jaloux d'un autre.

Il se passe même l'inverse et, par réaction, ils l'accusent de tous les défauts possibles afin de prouver qu'ils n'en sont pas jaloux.

***Nous sentons que la mainmise du pouvoir politique et du pouvoir religieux sur le peuple musulman est très forte. Dans votre ouvrage* Le Sujet en Islam*, vous écrivez d'ailleurs :* « En tant que bréviaire à peine conscient, la peur du regard d'autrui, avec sa capacité paralysante, fait plus de tort à l'émergence de l'individu singulier qu'une panoplie de lois écrites et placardées sur les murs de la mosquée. »**

Nous avons affaire à une société qui s'est construite autour du regard. Cette société est régie par le droit du regard, le droit supérieur du regard. Dans certains de mes ouvrages je parle, par exemple, du lien entre la fille et le père, en notant qu'il y a une appropriation visuelle de la fille par le père, au niveau même de sa chasteté physique, au niveau de sa conduite morale, et cela parce qu'il existe un droit régalien réservé aux hommes (et par délégation aux mères) par rapport aux jeunes femmes. Et ce même droit est également réservé à la communauté par rapport au sujet, réservé au politique par rapport au civil, etc.

Les musulmans sont ainsi dans une sorte d'impasse, et y stagneront tant qu'ils ne se seront pas affranchis de cette hiérarchie régie par le droit du regard de l'autre ! Certes, dans le domaine philosophique, nous disons que « l'autre nous construit », mais cela ne vaut que pour les philosophes. Concrètement, tant que l'autre, le voisin, le cousin, l'homme dans la rue, le camarade d'école, l'employé à l'entreprise, a un droit sur vous, pour vous empêcher d'écouter la musique que vous aimez, de vous colorer les cheveux, d'exercer le métier que vous désirez et de la manière dont vous le concevez, pour empêcher une femme de conduire une voiture, de faire des études, etc., tant que le regard de l'autre sera aussi prégnant, aussi structurant, nous aurons de grandes difficultés dans l'émergence de l'individu. Seuls quelques êtres exceptionnels peuvent parvenir à se libérer de la tutelle collective.

En fait, même si les institutions politico-religieuses s'ouvraient enfin à l'émergence potentielle du sujet singulier dans le monde musulman, n'y aurait-il pas encore une terrible résistance de la part du peuple lui-même ?

De tels précédents, où l'autorité religieuse et politique était très conciliante, très tolérante, furent nombreux. En Andalousie, au temps des Abbassides et à différents autres moments de l'histoire de l'islam.

Seulement, la pesanteur des traditions est telle, les usages sont si ancrés, les comportements si figés et le regard de l'autre si puissant, que la femme voilée n'ose plus se dévoiler, l'homme isolé n'ose plus affronter l'espace public pour le contester, et jusqu'au théologien proférant des *fetwas* incohérentes, qui n'ose pas remettre en question ses propos, car c'est un autre théologien qui les lui a transmis.

Dès lors, puisque personne n'ose affronter la désapprobation collective, l'ensemble du système est bloqué.

Serait-ce ce qu'on appelle en France « la langue de bois » ?

À la nuance près qu'en l'occurrence, il ne s'agit pas seulement de « langue de bois », mais aussi de « comportements de bois ». Les gens sont figés. Pour ne pas compromettre le fonctionnement d'un groupe, d'un collectif, pour ne pas se trouver eux-mêmes en marge, au ban de la société, ils préfèrent la langue de bois et le comportement de bois.

Actuellement, nous sentons à quel point tout est en cristallisation vers une éventuelle possibilité de mutation, d'ouverture, mais aussi dans l'accroissement des peurs, en Occident comme en Orient. Selon vous, comment évoluera cette situation dans les années à venir ? Croyez-vous possible que les craintes et désirs des musulmans puissent s'équilibrer, afin que d'authentiques et paisibles relations voient le jour ?

Sans doute y aura-t-il un jour de vraies relations, mais je ne les imagine pas s'instaurer dans un court délai. La raison en est simple, les musulmans, comme les chrétiens, savent que le monde occidental est régi par des valeurs fortes qui, notamment, sont celles de la chrétienté. Mais, pour autant, les musulmans pensent que l'islam n'a rien à perdre dans cette confrontation avec l'Occident car, à long terme, il sera vainqueur.

Les populations musulmanes étant très jeunes, il existe un incroyable dynamisme démographique ainsi qu'un dynamisme au niveau de la conversion à la religion de l'islam. De plus, le fait même qu'ils soient combattus, mis à l'index, est salutaire pour les musulmans car, d'une certaine manière, cela les valorise aux yeux d'une population jeune et crédule.

En comparaison, ils considèrent que l'Occident est plutôt vieillissant par sa piètre démographie et ses idées, comme également par l'appât du gain et sa volonté de vivre dans un confort toujours supérieur. Ces différents points sont, aux yeux des musulmans, considérés comme des signes de décadence prochaine. Et ce dénivelé (qu'il soit juste ou non) dans l'appréciation et la représentation que se font les musulmans de l'Occident, leur donne l'impression d'un tel avantage que, dans les années à venir, l'islam ne sera certainement pas apaisé.

L'islam sera toujours fondé sur une lecture spécifique de l'Occident, lecture plus ou moins aboutie, plus ou moins réussie, généreuse, tolérante, équilibrée ou juste, et tant qu'il sera dans l'illusion d'un Occident en voie de disparition et de dégénérescence, l'islam lui-même ne pourra devenir pacifique. Son agitation n'en sera au contraire que renforcée, déployée, et il existe en islam des éléments de pression suffisamment puissants pour posséder les moyens d'introduire un désordre conséquent en Occident.

***L'écrivain espagnol Angel Ganivet, décédé en 1898, ami de Miguel de Unamuno, écrivait :* « Une nation qui élève des enfants qui la fuient pour ne pas transiger avec l'injustice est plus grande par ceux qui s'en vont que par ceux qui restent. »**

Que pensez-vous de cette parole ?

C'est excellemment bien dit. À une réserve près : cet écrivain évoque, non seulement une nation constituée, mais également occidentale. Et je pense que dans le monde arabe, nous n'en sommes pas encore là.

Néanmoins, dans la mesure où nous assistons à une forte émigration de la population musulmane vers l'Occident (qui comprend entre autres ce que vous nommez « l'élite » : des intellectuels, des scientifiques, etc.), n'est-ce pas, justement, une richesse qui s'enfuit ? Et, vous-même, en tant qu'exilé, n'avez-vous pas eu cette sensation d'avoir peut-être mieux servi (et donc fait grandir) votre nation, en partant de votre pays, plutôt qu'en y demeurant ?

Ce serait magnifique si mon départ du pays l'avait fait grandir. En tant qu'exilé, savoir que mon exil aurait enrichi et non appauvri la terre que j'ai quittée me grandirait beaucoup...

Sénèque écrivait d'ailleurs dans ses *Lettres à Lucilius*, que lui-même, lorsqu'il fut exilé en Corse, avait évolué grâce à cet exil et que, d'une certaine façon, il avait également contribué à l'enrichissement de la Corse – pays qui le recevait – car il apportait une pluralité humaine, une perception nouvelle.

Cette parole d'Angel Ganivet est donc une idée généreuse et féconde à propos de laquelle nous devrions réfléchir sérieusement. Cela étant, encore faut-il qu'à la base, il y ait réellement une véritable *nation,* un lieu de sens à quitter. Dans notre cas de figure, nous partons plutôt d'un lieu d'anomie, un lieu où règne une totale absence de règles, la *nation* restant encore à construire.

En fait, nous quittons un peuple, non une nation.

Dès lors, il est évident que la question se pose autrement : « Sommes-nous des enfants prodigues, des émanations positives de notre pays, ou des traîtres ? »

Certains peuvent considérer que nous avons abandonné notre peuple, que nous aurions dû rester avec lui afin de mieux le servir, de mieux le nourrir – si tant est que nous en soyons capables !

Comment les musulmans exilés en Occident répondent-ils à cette interrogation ? Se sentent-ils plutôt enfants prodigues ou traîtres ?

À mon sens, il existe deux catégories de personnes. Il me semble que les intellectuels musulmans installés, par exemple en France, considèrent, en effet, que leur présence en Occident est plus utile et plus enrichissante pour leur pays d'origine que s'ils étaient restés chez eux. Cependant, il faut rappeler que, dans leur pays, les intellectuels ne peuvent pas s'exprimer et ne sont d'aucun apport significatif à cause des carences en structures nécessaires : absence de maisons d'édition puissantes, absence de presse indépendante, de confrontations, de colloques ou de séminaires, etc.

Ne s'agit-il pas, en fait, d'un tragique déficit de liberté ?

Oui, absolument, dans leur pays, la liberté n'existe pas, alors que, pourtant, elle est la valeur primordiale.

Sans liberté, l'intellectuel n'advient jamais ; il ne peut s'épanouir dans un pays gouverné par l'obscurantisme. Ce n'est pas possible ! Ou alors, il devient militant...

À présent, en ce qui concerne les ouvriers : enrichissent-ils également leur pays quand, n'ayant trouvé aucune source de revenus chez eux, ils partent travailler en Occident ?

Si nous suivons la métaphore au pied de la lettre, oui. Mais, cette fois, il s'agit de richesse matérielle, puisque la population ouvrière envoie de l'argent dans son pays d'origine.

Personnellement, je formulerais l'idée d'Angel Ganivet en

précisant que tout citoyen qui part de son pays ou de sa nation, qui quitte son peuple, enrichit, à la fois, son pays, sa nation, son peuple, son village et même sa famille, si ce voyage est pour lui l'occasion d'une véritable prise de conscience. Selon moi, l'enrichissement mutuel ne peut naître que de la prise de conscience et de la désaliénation.

Il est regrettable et dangereux qu'un enfant du pays quitte sa terre natale, passe dix ou quinze ans en Occident, puis y retourne sans avoir évolué d'un *iota*, sans avoir changé de mentalité.

De cette manière, il ne grandit son pays, ni en partant ni en revenant.

Lorsqu'un exilé arrive dans un pays étranger et s'enrichit des lois de ce pays, de son régime intellectuel, économique et de la façon dont y vivent les gens, puis qu'il met à profit ce gain pour, en premier lieu, alimenter le regard qu'il pose sur sa propre patrie et, le cas échéant, à son retour sur le sol d'origine, apporte avec lui sa richesse et son savoir-faire, celui-là bonifie réellement son peuple et devient une perte pour le pays d'accueil qui l'a laissé repartir. Car il est clair que ce développement possible est réciproque.

Cette idée d'enrichissement mutuel est donc vraiment fondamentale et, comme je le disais précédemment, notre intérêt serait de l'examiner et d'y réfléchir avec attention, car elle correspond à une réalité souterraine encore inexplorée.

Les problèmes des musulmans confrontés à l'Occident sont multiples. La langue n'est pas le seul écueil, il existe aussi la faculté de remettre en question de nombreux concepts, le changement fondamental auquel ils doivent s'ajuster, l'affrontement à une nouvelle société, à eux-mêmes et, de plus (malgré leur désir), ils se refusent à être des sujets autonomes, car ils craignent plus que tout

le regard des autres musulmans – preuve évidente du poids de leurs traditions.

De manière générale, la culture arabo-islamique est-elle très puissante et traditionaliste ?

Indéniablement. Nous pouvons affirmer que la culture arabo-islamique est, par essence, traditionaliste, car elle se fonde sur un dogme puissant qui l'arrime à un état du passé : un état de la réflexion, de la pensée et des comportements qui sont datés dans l'histoire. De ce point de vue, la Tradition est prépondérante.

Dans la mesure où, dans cet esprit de mutation dont nous avons parlé, les Orientaux doivent affronter, à la fois, leur crainte et leur désir de l'Occident, leur principal obstacle ne risque-t-il pas d'être l'aspect traditionaliste de leur culture arabo-islamique ?

Oui et non. D'un côté, dès lors que l'Oriental commence à vouloir s'intégrer dans un universel défini par l'Occident, ou s'il cherche à se mesurer à l'Occidental, les traditions orientales deviennent, en effet, un obstacle ; de même s'il cherche à s'affranchir de l'impact qu'a l'Occidental sur lui.

Mais, ce qu'on ignore souvent, notamment dans le monde arabo-musulman, c'est que l'Occident est déjà implanté en Orient. L'Orient est bien loin d'une éventuelle conquête ou conversion de l'Occident à l'islam, car l'Occident s'est déjà acclimaté à la pensée orientale et, parfois même, se l'est appropriée. Cette présence de l'Occident en Orient s'est infiltrée par différents canaux : les images télévisées, la puissance financière, ou la guerre. Le fait même que l'Occident (les États-Unis, la Grande-Bretagne) soit en guerre contre des pays d'Orient instaure un échange ; un échange funeste, certes, mais un échange tout de même.

Souvenons-nous d'ailleurs que si, sur le plan humain, les croisades furent désastreuses, en revanche, à d'autres niveaux, elles furent extrêmement fécondes.

Je suis ainsi persuadé qu'au Maghreb, en Algérie, au Maroc, en Tunisie (surtout en Algérie et au Maroc), l'Occident est fantasmé par les jeunes, bien plus que ne le sont d'autres pays arabes, et même bien plus que ne le fut, par exemple, la vie magnifique en Andalousie. Pour de nombreux jeunes Orientaux, l'Occident est une réalité physique parce qu'ils le côtoient chaque jour. Ils vivent ce voyage transférentiel, ce voyage initiatique vers l'Occident, non pas, bien sûr, géographiquement, car il y a les problèmes de distance, de visa, de procédure, mais ils le vivent mentalement et donc, peut-être, plus fortement encore que s'ils le vivaient de manière concrète.

De ce point de vue, il est aussi légitime de penser que les traditions de l'islam sont un frein à la mutation des Orientaux.

En revanche, et ce sera le deuxième volet de ma réponse, elles demeurent néanmoins essentielles, dans la mesure où tout individu a besoin d'une origine fortement enracinée, précise et clairement identifiée, afin d'être capable de se mouvoir dans les espaces nouveaux, dans l'espace de l'*Autre*. Et, plus l'Oriental est oriental dans ses valeurs et non pas seulement par le physique ou les déclarations d'intentions, mieux il se comportera envers l'Occident et s'ajustera à lui.

En elles-mêmes, les traditions ne sont pas un frein, seulement, il est vrai que si nous ne prenons ne serait-ce que deux ou trois points précis, comme le port du voile pour les femmes ou la non-mixité, elles deviennent un réel obstacle pour l'Oriental qui désire vivre en Occident, dont le problème majeur sera alors d'accepter de se séparer de certaines de ses traditions.

Nous évoquons « les » traditions que peut avoir chaque peuple, mais il existe aussi « la » Tradition, ce qui est assez différent. Quel est votre regard sur la Tradition ?

Il est exact que nous devons préciser cette différence.

En bref, *la* Tradition est vivifiante, quand *les* traditions, elles, peuvent être mortifères. Parce qu'elles sont dans le partiel, qu'elles relèvent essentiellement de rites, de croyances précises, très isolées dans le temps et dans le comportement, les traditions peuvent devenir un frein à l'intégration dans un milieu étranger.

Par définition, le terme « tradition » signifie : « remettre », « transmettre », l'essentiel d'une tradition étant toujours transmis oralement, de génération en génération. Seulement, dès lors que l'émigration vers l'Occident s'intensifie, une des craintes des musulmans n'est-elle pas aussi de voir s'éteindre leur Tradition par une impossibilité de la transmettre oralement, comme par le passé ?

Indéniablement. L'une des craintes de l'Oriental par rapport à l'Occidental est que l'hégémonie de la culture occidentale : son savoir-faire, sa technologie, son armée, sa télévision, son téléphone sans fil, etc., ne soit une tentation infernale pour l'Oriental.

Autrement dit, le monde oriental, le monde arabe, a peur de se diluer dans l'espace occidental, qui est (comme ils le savent) essentiellement chrétien et juif. L'appréhension de cette possible dilution dans l'espace occidental a ainsi conduit certains musulmans à devenir plus violents qu'ils ne l'auraient été autrement. D'ailleurs, très souvent, les tenants de l'orthodoxie, les musulmans purs et durs qui veulent absolument que leurs frères continuent à vivre comme au temps du Prophète (quatorze siècles après), invoquent l'idée que le changement imposé par l'Occident, par sa technique, va totalement dissoudre leur religion. Ils ne prétendent pas seulement que le risque porte sur une atteinte à l'être individuel ou collectif, mais qu'il existe également la menace que leurs croyances ne soient résorbées dans un sombre creuset pseudo-religieux.

Pour eux, l'Occident est dangereux dans la mesure où il peut, à la fois, désagréger *la* Tradition et *les* traditions islamiques, afin d'imposer les siennes !

Pourtant, je le répète, l'Occident est déjà dans le monde arabe et la Tradition comme les traditions ne se sont pas pour autant évaporées ! Oui, les Mc Donald's®, le Coca-Cola®, sont partout, dans toutes les villes, et alors ? Si le Coca-Cola® est une boisson rafraîchissante et savoureuse, il n'y a aucune raison de l'interdire dans les pays musulmans. Après tout, dans ma région d'enfance, une boisson appelée « Boualem » a bien battu à plates coutures le Coca-Cola®, le Fanta® et d'autres boissons occidentales !

En fait, ce n'est pas telle ou telle boisson ou type de restauration que les musulmans veulent interdire, mais la culture spécifique qui les accompagne et dont ils sont les symboles.

C'est exactement cela, ils veulent interdire les symboles du monde occidental...

Dans le mot « tradition », se trouve la notion de répétition. Lorsqu'un musulman, exilé en Occident ou vivant dans son pays d'origine, désire changer intérieurement (réaliser cette émergence du sujet afin d'entrer dans la créativité) sans pour autant nier sa Tradition qui représente ses racines ancestrales, comment peut-il

échapper à cette notion de répétition qui, elle, bloque toute évolution ?

Cela est très difficile. Pour l'Homme, en général, le plus sécurisant est la répétition ; il n'a plus lieu de s'inquiéter quand les phénomènes sont répétitifs. En revanche, pour une certaine élite, rien n'est plus gratifiant que la créativité et le changement.

Nous sommes donc tiraillés entre deux tendances. Car il reste vrai qu'une Tradition bien comprise peut être un atout déterminant dans l'éducation d'un individu, et même du collectif. À mon sens, nous devons plutôt craindre les personnes qui ont perdu leur Tradition que celles qui l'ont gardée.

Cependant, une Tradition préservée, respectée, honorée, doit-elle se trouver en antithèse avec la création ? En islam, nous avons tendance à penser que cela est le cas : plus vous êtes dans la création, moins vous êtes dans la Tradition !

Personnellement, j'estime qu'il est possible de trouver un juste milieu ; juste milieu que chaque individu doit lui-même découvrir, son curseur étant le stade de sa maturité personnelle. Par exemple, il y a encore une dizaine d'années, peut-être aurais-je été plus catégorique qu'aujourd'hui en ce qui concerne l'islam, peut-être aurais-je prétendu que l'islam n'est pas bon, que c'est une religion plutôt archaïque, etc. Et comme je refuse de jouer le jeu de la langue de bois, je ne peux nier que cet aspect existe néanmoins : à l'intérieur de l'islam, se trouvent des éléments qui permettent toutes les outrances.

Malgré tout, j'estime que ne pas avoir de Tradition, mais seulement *des* traditions est une perte. Les traditions sont souvent interchangeables. Prenons, par exemple, la tradition du repas (qui est le côté festif d'une Tradition), la fête de *l'aïd.*

Dans les pays arabes, la fête, qu'elle soit religieuse ou non, est un moment de pure merveille où sont réunies toutes les conditions pour faire une république idéale. La fête est une sorte de prototype de démocratie. Nous y retrouvons les ambitions multiples et les personnalités diverses qui sont une représentativité du corps électoral, même s'il reste encore virtuel dans le monde arabe.

Dans les banlieues, la fête est ce qui s'échange le mieux, notamment entre cultures et religions différentes. Durant le mois du ramadan, nous n'échangeons évidemment pas les rituels comme le jeûne, la privation, mais nous pouvons échanger la fête en elle-même. Français et étrangers, chrétiens et musulmans, partagent le repas du soir, ce qui est un élément important dans la mutation des valeurs actuelles des musulmans, et prouve qu'ils ne sont pas définitivement fermés à l'idée que la modernité puisse leur être d'un apport notable.

Certes, beaucoup sont encore verrouillés dans leurs traditions, notamment à travers la religion. Pour autant, aujourd'hui, de nombreux jeunes musulmans n'envisagent pas leur avenir en ne réfléchissant qu'à l'intérieur de l'espace musulman. Que ce soit à Tunis, à Alger ou à Marrakech, les jeunes portent les mêmes vêtements qu'ailleurs, boivent les mêmes boissons, ont les mêmes cours, les mêmes soucis que beaucoup d'Occidentaux.

Voilà pourquoi je pense qu'à terme, la notion de « village mondial » sera également une réalité visible dans le monde musulman.

La Tradition comme les traditions deviennent incapacitantes et régressives lorsqu'elles sont entre les mains d'extrémistes, de personnes trop orthodoxes dans leur religion, quelle qu'elle soit. Cette notion de répétition forcenée n'amène-t-elle justement pas à l'obscurantisme, à la régression dans le temps ?

Tout à fait. Et cet aspect d'obscurantisme est évidemment plus prégnant au sein des groupes réactionnaires qui les maintiennent par la contrainte, alors qu'elles sont, généralement, assez bien perçues par les milieux extérieurs à l'islam quand elles ne sont pas régressives.

À mon sens, lutter pour une Tradition forte mais non incapacitante, non invalidante, plutôt que pour la perpétuation *des* traditions qui, elles, n'ont aucun creuset, ne sont reliées à aucune symbolique, est un combat essentiel.

La Tradition (en général) est bonne tant qu'elle reste dans le domaine du symbolique, mais elle devient dangereuse à chaque fois qu'un fou furieux, un militant de la pensée unique, s'en empare dans le dessein de l'imposer à tous. Je pense, notamment, au port de certains vêtements, dont le voile. En fait, ces pratiques ne deviennent légitimes (et cessent d'être aliénantes) que lorsqu'elles sont l'émanation de la société dans son ensemble, et non pas seulement le produit de décisions arbitraires proférées par un théologien, fût-il le plus puissant du pays.

Il est donc important d'inciter chaque individu à se situer lui-même. Est-il un sujet ou un objet ? Tous les problèmes sont liés à cela.

Chapitre 6

TRADITION-TRANSGRESSION-MUTATION

Le « Nouvel Ijtihad »

> *« La plupart de ceux qui s'intitulent traditionalistes, ou qui, sans en prendre le titre, croient l'être, ne voient pas la tradition éternelle, mais son ombre vaine dans le passé ; ce sont les gens qui veulent fuir le bruit présent qui les étourdit, et qui, incapables de se plonger dans le silence sous-jacent à ce bruit, se délectent à écouter des échos, des résonances de sons morts. »*
>
> MIGUEL DE UNAMUNO (1864-1936)

Lorsque nous affrontons la question des traditions que l'on devrait donc pouvoir réinterpréter et adapter en fonction de l'époque (et, dans le cas qui nous intéresse, de l'évolution du peuple musulman depuis ces dernières décennies), nous rencontrons le problème de la Transgression. Néanmoins, face à la nécessité de réévaluer les traditions islamiques, n'est-il pas indispensable d'oser y faire face ?

Avant tout, je voudrais préciser qu'il existe, en arabe, une expression qui désigne cette relecture des textes sacrés : le *« nouvel ijtihad »*. En pratique, cette réactualisation de la parole prophétique vise à s'occuper d'un problème, s'efforce d'y réfléchir assidûment et d'accomplir de nombreux efforts afin de s'acheminer vers une solution.

Le *nouvel ijtihad* n'est pas un mouvement nominatif, mais un séduisant mouvement d'idées qui, en substance, prétend que, puisque l'Islam existe et que sa religion est composée de plus d'un milliard de musulmans, il est utopique de penser le supprimer d'un coup de baguette magique. Plutôt que chercher à l'abolir, le *nouvel ijtihad* consiste à améliorer la perception de l'islam.

En effet, je pense que le meilleur compromis entre le fondamentalisme régressif et les volontés d'éradication pure et simple est de relire les textes sacrés à la lumière des préoccupations d'aujourd'hui.

Dès l'instant où nous commençons à mettre au point quelques solutions, même partielles, aux problèmes que nous affrontons aujourd'hui, nous aurons une chance de faire évoluer l'Islam dans son ensemble.

N'est-il pas d'autant plus urgent d'accomplir ce travail d'*ijtihad *(nouvelle lecture des Textes), dans la mesure où certains groupes extrémistes, eux, s'autorisent sans état d'âme à faire une interprétation « personnelle » du Coran, en fonction de leurs désirs de pouvoir ?

Je suis tout à fait en accord avec cela. Il est, aujourd'hui, de plus en plus urgent que les personnes ayant une vision positive de l'islam se réunissent et parlent d'une même voix. Il est indispensable que se crée une résistance aux visées extrêmes des fondamentalistes.

Jusqu'à maintenant, le terrain leur a été abandonné. Ils ont prêché ce qu'ils voulaient, comme ils l'entendaient, dans beaucoup trop de mosquées.

Les islamistes sont parvenus à tisser une sorte de toile d'araignée où l'un peut remplacer l'autre. L'imam de Casablanca peut remplacer l'imam du Caire, sans aucun souci. C'est l'Internationale fondamentaliste. Et, avantage supplémentaire, ils pratiquent tous la même langue.

Face à la question de la Tradition, trois attitudes sont généralement notées : 1) la vénération, 2) le respect à dimension critique, 3) le refus.

Actuellement et de manière globale (car nous pouvons difficilement faire une analyse par groupuscules), face à la Tradition arabo-islamique, de ces trois attitudes, quelle est la plus fréquente ?

À mon sens, la première et la troisième position sont les plus représentatives. D'une part, nous nous rendons compte que, par rapport à l'islam, les islamistes ont une vue *totalitaire,* dans la mesure où ils veulent tout régenter : ce que mangent les gens (s'il s'agit de nourriture impure ou non), leur vie sociale à la mosquée comme dans les différents établissements où ils travaillent, la naissance et la mort, le type de vêtements autorisés, l'obligation de la barbe et sa longueur réglementaire, le port du voile pour les femmes, etc. À la limite, nous en sommes presque à nous demander s'il n'y a pas des sous-vêtements admis et d'autres non !

Et, d'autre part, il existe une très forte expression arabe traduisant l'interdit : le *haram*, expression qui fut même l'un des concepts de ralliement de la thèse anti-islamiste. En Algérie, le slogan était : « *La yajouz* », dont la traduction littérale est : « c'est formellement interdit ». D'ailleurs, à un moment donné, les Algériens ont fini par nommer les islamistes eux-mêmes : *« La yajouz »*. Les islamistes interdisent tellement qu'eux-mêmes sont devenus une sorte d'injonction pour l'interdit.

Tout est interdit ! Pour une femme, porter des bijoux, se maquiller, est interdit ; pour moi, rencontrer une journaliste (ou une collègue de sexe féminin) serait interdit... Tout est verrouillé à l'avance.

Maintenant, entre la vénération et le refus, l'espace est assez vaste pour trouver un certain nombre d'attitudes correctes, valables pour beaucoup de musulmans du monde entier, sans qu'il soit nécessaire d'occire et de décapiter un opposant. Autrement dit, l'attitude critique ou, comme vous le dites « le respect à dimension critique », est amplement suffisante, car les choses sont tellement figées que, de toutes les façons, le moindre doute sur leur fonctionnement fera évoluer la situation.

Comment est vécu ce mouvement d'idées auquel vous faites allusion, le* nouvel ijtihad*, qui incite à une relecture et à une ré-interprétation des traditions inscrites dans les textes sacrés du Coran ?

Le *nouvel ijtihad* est encore très minoritaire en nombre, mais, sans offenser ou choquer les personnes âgées, il concerne et séduit principalement les jeunes.

Nous sommes à l'aube d'une réflexion critique sur l'islam, et nous sommes contraints d'aller dans ce sens. C'est comme le jour et la nuit : quand l'aube pointe, le jour doit se lever – nous n'avons pas le choix. Cette métaphore illustre le cas de figure de l'islam. Nous nous situons entre une tradition extrêmement rigide, toujours dominante et même écrasante, et un souffle d'interrogation, de curiosité, qui n'est même pas encore au stade de la remise en question ; *souffle* que l'on nomme donc *nouvel ijtihad*, et qui est le moyen des jeunes d'aujourd'hui (une petite partie seulement) pour se réapproprier leur islam, sans forcément renier les Anciens et leurs croyances.

Ce mouvement est encore au tout début de son émergence.

Certes, un très grand nombre de jeunes suivent cet élan, mais tous ne sont pas forcément conscients qu'ils détiennent eux-mêmes la réponse aux problèmes qui se posent à eux. Il serait néanmoins néfaste de traduire cette impulsion en termes politiques, en disant : « Je vais fonder la société du *nouvel ijtihad* ». Cela ne marcherait d'ailleurs pas, car il faut que cela reste une propriété individuelle ; chacun doit s'emparer, seul, du *nouvel ijtihad*. Si nous commençons à édicter des lois, à installer des tribuns, des prédicateurs, à construire des mosquées du *nouvel ijtihad* plutôt que des mosquées classiques, les jeunes musulmans se méfieront (à juste titre), et cela deviendra un parti politique ou une idéologie de plus, qui seront forcément antithétiques à l'islam.

Ce n'est que progressivement que les élites musulmanes peuvent intérioriser le *nouvel ijtihad* et installer l'émergence définitive d'un mouvement critique sur les origines.

Pour autant, si aucune structure n'existe, comment les jeunes peuvent-ils ne serait-ce qu'être informés de l'existence et de l'émergence de cette forme de pensée ?

Il faut savoir que les jeunes musulmans ont accès à une sorte de « gigantesque bibliothèque » représentée par l'ensemble de toutes les librairies, et qu'ils considèrent ces espaces comme leurs lieux de ralliement. Ils lisent des livres, parcourent les articles de presse, écoutent les aînés, les diverses personnes qui prennent la parole ou encore l'imam du quartier, s'il leur prêche des valeurs universelles. Ainsi, peu à peu, ils développent leur propre philosophie, et leur sens critique – en tout cas, idéalement.

Le mouvement du* nouvel ijtihad *est-il connu des autorités politico-religieuses, et qu'en pensent-elles ?

Nous n'avons que des informations partielles sur la perception que peut avoir le pouvoir politique en général par rapport à la réforme musulmane. Car, finalement, le *nouvel ijtihad* n'est qu'une simple réforme ou, si vous voulez, une méthodologie de la réforme.

C'est un peu comme le concile Vatican II. Seulement, pour l'islam, avant de parvenir au stade du concile, il nous faut persévérer dans nos travaux de réflexion qui ont débuté avec la *Nahda* (« Renaissance ») voilà déjà une centaine d'années. Nous y sommes encore.

Je crois que les autorités religieuses et politiques n'ont pas encore pris la mesure du phénomène que représente cette tentative de relire les textes sacrés en vue de les adapter à la modernité. Ils n'en ont pas encore perçu l'intérêt politique ; c'est pourquoi il est de notre ressort non seulement de démontrer cet intérêt politique, mais également de prouver le bénéfice qu'en retireraient la culture et la jeunesse.

Ne pensez-vous pas que, craignant que ce mouvement ne remette totalement en question leur pouvoir, les autorités politiques et religieuses de l'islam ne cherchent, par tous les moyens, à enrayer l'élan du* nouvel ijtihad *?

Cette réaction est fatale. Tous les mouvements d'opposition, de remise en question, de prise de conscience, de désaliénation, sont des impulsions qui troublent les choses établies, bouleversent les usages, les mœurs et, par conséquent, affectent la fonction politique. Tout pouvoir est, par définition, une entité qui cherche à se maintenir en l'état – par conséquent, un refus des autorités en place s'explique aisément.

Observez-vous une différence dans la perception de cette réforme par les musulmans installés en Occident et par ceux vivant en pays arabes ?

Totalement. Ce sont deux islams différents. Le vécu de l'islam des musulmans habitant en Occident est très éloigné de celui de l'islam d'Orient.

Ici, en France, les musulmans débattent de la liberté de pensée et d'expression, critiquent un grand nombre de points. Certaines pratiques sont désormais considérées comme inacceptables (par exemple, l'excision) et d'autres comme insupportables avec, pour les femmes, le port du voile, la possibilité qu'ont certaines familles de prendre en otage leurs filles, soit pour des noces organisées avec un futur mari qu'elles n'ont jamais vu, soit en leur interdisant d'aller à l'école. C'est une manière insidieuse de prendre les jeunes filles en otage, cette fois en les empêchant d'apprendre à réfléchir par elles-mêmes.

Une réflexion et une réaction contre ces phénomènes sont donc en train de se vivre, avant même qu'elles ne soient conceptualisées.

En dépit de cet effort, il faut rappeler que la plupart des musulmans sont loin d'en faire une réelle préoccupation.

Autrement dit, cette réforme est à l'état embryonnaire. Car nous en sommes, encore aujourd'hui, à vérifier si la lune est visible ou non pour annoncer le début du mois de ramadan ! Cette attitude est tellement anachronique qu'elle a même conduit certains pays à commencer le jeûne par exemple le lundi, quand d'autres attendaient le mardi ou le mercredi, parce qu'ils n'avaient pas encore vu la lune ! De nos jours, grâce aux calculs astronomiques, nous pouvons connaître avec exactitude, à la seconde près, le moment où la lune sera présente dans notre ciel – avec ou sans nuages !

Il est donc navrant qu'il existe encore des pays qui poussent le zèle à ce point ; zèle qui, d'ailleurs, conduit à un non-respect de l'islam, car il s'agit bien d'une absence de respect de l'islam quand, en tant que lecteur du Coran, un homme n'est pas à la hauteur du texte sacré et annonce candidement : « Dans la mesure où on n'a pas vu la lune, on attendra jusqu'à demain... » !

Le drame est que si, même entre musulmans, ils ne parviennent pas à s'accorder sur un point aussi mineur, vous pouvez imaginer ce qu'il en sera pour le reste... Nous sommes encore loin du but.

Après tant d'années, assujettis à de lourdes traditions, ne faut-il pas beaucoup d'audace aux musulmans de la base, pour oser lire les textes sacrés, le Coran, d'une autre manière que les Anciens ?

Ceci est d'autant plus vrai que le *nouvel ijtihad* n'a pas pour unique objectif de servir les hommes eux-mêmes, mais également de donner une autre définition de Dieu. Un Dieu plus accessible, plus sensible à la souffrance, ... plus « humain ».

S'agit-il de donner une autre définition de Dieu, ou de conduire peu à peu les musulmans à ne pas vouloir absolument donner une définition précise de Dieu ?

Comme nous sommes encore très en recul par rapport à l'idée même qu'on ne puisse pas donner une définition de Dieu, je propose plutôt « une *autre* définition de Dieu ».

Rappelons que nous sommes issus de pays qui ne sont absolument pas laïcs, ces pays n'ont accompli aucun travail de différenciation entre la foi et la pratique. Quant aux intellectuels, lorsqu'ils ne sont pas simplement muselés par les différents régimes oppressifs, ils en viennent à pratiquer une auto-censure presque aussi radicale que la répression qu'ils craignent.

L'aboutissement de cette réforme est donc encore très éloigné, y compris au niveau de la foi.

S'il est clair que parler d'une « autre définition de Dieu », ne signifie absolument pas *recréer* Dieu, il reste néanmoins impératif de *re-définir* les besoins de Dieu, afin de clairement et définitivement comprendre que l'islam ne prêche pas la guerre ou la violence !

Au XXIe siècle, il devient urgent que nous parvenions à concevoir Allah, Dieu, comme un Dieu tolérant, un Dieu de générosité et un Dieu de beauté... Ce n'est pas interdit !

Pourquoi ne voit-on toujours qu'un Dieu de la guerre et de la razzia ? !

Personnellement, je refuse cette interprétation ; Dieu n'a pas vocation à être mêlé à la guerre.

Dans le domaine de la liberté de réflexion et d'action dont nous parlions, les Français d'aujourd'hui ont souvent tendance à croire que leur pays a toujours été démocratique et laïc (permettant une évidente émergence du sujet singulier et de ses droits), alors qu'ils considèrent l'Orient comme, presque depuis toujours, soumis à un obscurantisme absolu. Pourtant, encore au XIXe siècle, en France, les deux penseurs Joseph de Maistre et Louis de Bonald développèrent un argument qui mettait en évidence la supériorité de la société sur l'individu, ce qui rappelle curieusement la structure islamique.

Selon eux, la société constituait une totalité naturelle qui impose ses lois à l'individu, celui-ci n'ayant donc aucun droit, mais seulement des devoirs. Que pensez-vous de cela ?

Si certains régimes essayent d'imposer (encore au XIXe siècle en France) un tel système de pensée collectiviste, la raison en est qu'il est, étrangement, beaucoup plus simple à gérer. Certes, il est moins créatif, moins inventif, mais, en même temps, il est tellement plus reposant pour l'homme politique ou le souverain, dont la tentation a toujours été de conditionner la foi et les croyants, afin de mieux les régenter.

Néanmoins, bien que cela ne soit que des préoccupations d'hommes par rapport aux hommes et non d'hommes par rapport à Dieu, elles restent valides en islam, où persiste la prééminence de la collectivité sur l'individu.

Il est donc pressant de faire évoluer cet état d'esprit, car il ne s'agit que d'une volonté autocratique d'introduire un rapport de forces, une gouvernance inégalitaire avec ses sujets, rapport dans lequel le pouvoir politico-religieux trouve son intérêt sans difficulté et sans résistance. Cette totale absence d'obstacle vient de ce que le *credo* est toujours le même : « De toutes les façons, c'est Dieu qui a tout créé, du maître à l'esclave, et tous les deux mourront. Dès lors, pourquoi s'opposer à cette volonté, que l'un soit esclave et l'autre, maître ? »

Cela va donc très loin et, malheureusement, il s'agit bien de la vision islamique.

L'Islam a sans doute encore du chemin à parcourir pour s'ouvrir à la modernité, toutefois il ne s'agit pas de rattraper « un millénaire de retard » sur l'Occident comme certains veulent le faire croire.

Absolument pas, et je dirais même que sur certains points précis, l'Orient est même en avance sur l'Occident.

Par exemple, en ce qui concerne la prise en charge de la misère, de la vieillesse – le troisième âge et le quatrième âge –, les musulmans sont plus évolués, plus avancés, que les Occidentaux. Sur ces questions précises, l'Occident, malgré sa technologie et un système de sécurité sociale efficace, n'a rien cru bon de mettre en œuvre, si ce n'est la création de sinistres hospices, où beaucoup de personnes âgées vivent souvent leurs derniers jours dans une terrible solitude.

La chaleur humaine ne se décrète pas.

Ce retard que nous avons sur l'Orient dans ce domaine ne viendrait-il pas de ce que l'individualisme grandissant en Occident aurait pour conséquence de nous faire repousser tout ce qui est susceptible d'entraver notre autonomie ?

C'est exactement cela. Ce phénomène est, non seulement, de l'ordre de l'autonomie du sujet (autonomie que les Occidentaux ont peur de perdre), mais il contient aussi la crainte que ne chancèle, à un moment ou à un autre, la certitude qu'ils ont d'eux-mêmes. Il s'agit précisément de la peur viscérale de l'incertitude ; autrement dit, les Occidentaux ont peur d'être incertains !

Dès lors, pour eux, tant que l'Orient est obscur, tant qu'il génère la peur, tant qu'il est violent, cela corrobore leurs croyances, les réconforte et les rassure sur leur propre valeur dont ils pourraient se mettre à douter.

Chapitre 7

FONDAMENTALISME ET LIBRE ARBITRE

Transgresser pour progresser

« Nous avons donné le Livre en héritage à ceux de nos serviteurs que nous avons choisis. Il en est parmi eux qui se font du tort à eux-mêmes ; il en est parmi eux qui se tiennent au juste milieu ; il en est parmi eux qui, avec la permission de Dieu, devancent les autres par leurs bonnes actions : voilà une grande grâce. »

CORAN (XXXV,32)

Le philosophe contemporain Bertrand Badi écrit : **« Jamais dans la pensée traditionaliste, l'homme ne saurait être envisagé comme un acteur libre de sa propre histoire. L'idée même de liberté ne saurait faire sens pour analyser la condition humaine. »** ***Dans le cas de l'islam, le retour à un fondamentalisme religieux exacerbé est-il l'élément qui s'oppose le plus vigoureusement à la liberté des musulmans ?***

Concernant l'islam, deux raisons principales entravent l'émergence de l'individu et sa liberté, et par conséquent, la liberté individuelle.

Le premier obstacle est doctrinal. Dans la doctrine, il n'a

jamais été question de dissocier le temporel de l'intemporel, qui sont les deux attributs du calife : calife en tant que représentant du Prophète pour gérer la société, chef charismatique, chef politique et, à la fois, imam de la nation. Le calife a donc ces deux charges et, sur le plan doctrinal, il n'est envisagé aucun troisième terme qui serait alors le cas de l'individu ne s'inscrivant pas dans cette logique, dans cette cohérence globale, qui est d'ailleurs souvent appliquée assez sommairement, car ce concept n'admet ni distance ni dialectique. Il n'est pas récusé (il est quasiment irrécusable), puisque le calife, s'autorisant de Dieu, ne supporte aucune critique à son endroit : c'est Dieu qui parle à travers lui.

Nous nous trouvons alors dans la situation, quelque peu bizarre, d'une religion monothéiste qui n'a pas su négocier l'altérité et qui a toujours présenté les choses comme étant finies, du moins sur le plan de la hiérarchie, car il y a, manifestement, une distance évidente entre l'être pur et l'être impur, entre l'enfer et le paradis, ce qui implique une dualité... disons philosophique.

Cela étant, si les musulmans d'aujourd'hui ne conçoivent pas, ne se représentent même pas, la liberté individuelle de l'individu, cela vient sans doute du fait qu'ils sont dans une période de frilosité et de renaissance ; une renaissance qui s'opère sur de mauvaises bases, celles de l'échec, et ils sont angoissés à l'idée de ne pas être *sûrs* de réussir. Certes, ils font tout pour réussir, mais cela les rend nerveux, tendus, ils craignent de mal faire car, étant conscients d'avoir déjà commis certaines erreurs par le passé, ils se retrouvent alors dans la possible répétition d'une douleur ancienne, état qui se nomme « le traumatisme ».

La névrose traumatique est, en effet, la répétition d'une douleur, répétition elle-même très éprouvante. Les Arabes sont ainsi dans la prévention de cette répétition, et cela contribue fortement à leur nervosité.

De plus, cette crainte ne les fige-t-elle pas ?

En effet, cela les fige un peu. Ils deviennent cassants, et refusent de discuter sur ce sujet. Ils cherchent à tout prix à se présenter comme une communauté ne laissant pas de liberté(s) à l'individu, faute de quoi la cohérence, la cohésion, et l'identité de leur être seraient remises en question, ce qui est, justement, leur plus forte crainte.

Lorsque vous évoquez la mémoire douloureuse de l'échec, à quel échec faites-vous référence ?

Je fais référence à un échec politique global et généralisé qui a touché toutes les strates de la société, de la fabrication du Moi, comme de la réalisation de la personnalité collective. En 1492, l'année même où, en Espagne, la ville de Grenade leur fut enlevée par la reconquête chrétienne, année où, face à Isabelle et Ferdinand – royauté catholique – le projet de civilisation humaine sur des concepts islamiques se révéla un échec, fut, curieusement, l'année où Christophe Colomb découvrit l'Amérique. L'année 1492 fut donc, à la fois, l'échec de l'islam en Occident et l'amorce de la civilisation occidentale ; cette concordance de faits est d'une puissance inouie sur le plan symbolique.

Depuis, nous nous sommes figés sur cette période, et nous continuons à ruminer une douleur ancienne, (qui pourtant n'est pas la nôtre, mais celle de nos ancêtres), dont nous n'avons pas fini de payer les conséquences. D'autant plus que par la suite, le reflux des Arabes au Maghreb, en Égypte et jusqu'en Turquie provoqua un fort sentiment de nostalgie.

Peu de temps après, s'installa alors l'empire ottoman qui n'a pas su gérer l'échec ressenti par les musulmans au moment de la chute de l'Andalousie et qui, au contraire, a renforcé le caractère autoritaire du pouvoir politique – l'autoritarisme du calife ottoman. Cette position a tué dans l'œuf toute possibilité d'évolution sur le plan de l'individu et de la liberté individuelle.

Pouvons-nous également parler d'échec économique ?

Bien évidemment. L'échec politique a entraîné l'échec économique.

À la suite de l'empire ottoman, arriva la période de la colonisation, qui dura près d'un siècle pour certains pays – un siècle et demi dans le cas de l'Algérie. Cette colonisation qui s'installa sur d'anciennes douleurs renforça alors la mauvaise conscience préexistante des Arabes et des musulmans. Comment pouvaient-ils échouer à ce point quand, par le passé, ils avaient si brillamment réussi ?

Cette question résume toute l'ambiguïté de la position de l'Arabe par rapport à la guerre et par rapport au succès et à l'échec.

En fait, l'échec économique est la conséquence matérielle d'une crise grave qui est avant tout intellectuelle, morale et philosophique, car on ne peut pas demander à un peuple moralement abattu d'être performant sur le plan économique. Il n'existe pas un seul peuple au monde qui soit économiquement prospère, quand sur le plan moral ou philosophique, il est totalement défait.

Ces critères sont liés, car si l'économie est un facteur de prospérité d'un peuple, en premier lieu, le peuple n'est prospère que grâce à l'intellect, au mental, au moral de la communauté, et peut-être aussi grâce à ses croyances, à ses convictions. C'est ainsi qu'il peut progresser.

Les musulmans peuvent-ils devenir des acteurs libres de leur histoire sans se trouver isolés de la communauté, ce qui leur poserait un vrai problème en remettant en cause leurs traditions fondamentales ?

C'est justement tout le dilemme du mouvement philosophique qui s'appelle *Mu'tazila* (*Al-mu'tazila*), « ceux qui sont séparés ». Il s'agit d'un mouvement philosophique de libres penseurs qui, jadis, se sont distingués de la tradition, de l'ambiance bien-pensante du califat qui comportait des protocoles de pensées figés à l'avance, enclos, dans lesquels on devait s'inscrire pour penser... Sinon, on ne pensait pas ! Il existait donc (au VIIIe siècle) un mouvement de libres penseurs qui décidèrent de prendre le taureau par les cornes, et de *penser* la modernité de l'époque avec des concepts nouveaux empruntés aux Grecs et aux sciences humaines.

Évidemment, ils furent combattus par l'autorité centrale, puis excommuniés, considérés comme hérétiques, mis au ban de la société. Pourtant, si nous analysons le phénomène, il s'agissait simplement d'une volonté d'individuation d'un groupe de penseurs qui avaient décidé d'échapper à l'autorité de l'imam, de se soustraire à l'autorité religieuse centrale.

Actuellement, le peuple musulman, dans sa majorité, a-t-il encore en mémoire ce genre de représailles et les craint-il toujours ?

Le peuple musulman craint toujours des représailles, quelles qu'elles soient, car il est dans une période très sensible. Dès que l'on commence à le remettre en question, il ne l'entend pas comme une possibilité de s'émanciper et d'avancer, mais comme une critique acerbe de ses fondements. Les *Mu'tazilites* étaient une élite de penseurs, inconnus de la population qui n'a donc conservé ni le souvenir de l'existence de ce mouvement ni celui des représailles qu'il a vécues. En revanche, ils ont gardé de manière certaine une sensibilité exacerbée envers tout ce qui peut les remettre en question. Chaque fois que l'on tente de les inciter à se regarder, à s'auto-évaluer, et à, éventuellement, s'auto-critiquer, cette démarche est considérée comme une offense cataclysmique.

Comme je le disais, cette attitude extrêmement nerveuse est due à une renaissance sur de mauvaises bases, sur le fond négatif, sombre et amer, que leur a laissé la re-conquête spectaculaire des chrétiens sur les musulmans, échec qu'ils n'ont pas dépassé.

Dans la culture arabo-islamique, comment est entendue la notion de liberté de l'être humain ? Et, avant tout, est-elle entendue ?

Dans la culture arabo-islamique, la liberté de l'être humain n'existe pas en soi. Elle n'existe que par rapport à un code de bonne conduite que l'on appelle religion, dogme, croyance, foi, et ce n'est que dans ce cadre précis qu'il peut y avoir une liberté individuelle. La liberté de l'être humain n'existe pas puisque l'être humain est un être créé !

En réalité, nous pourrions penser qu'il existe au moins la liberté de prier, mais même en cela, l'individu ne semble pas avoir le choix. Le fait que la liberté ne puisse exister, comme vous le dites, que dans le rapport à la religion, au dogme, n'est-ce pas plutôt un asservissement ?

En effet, le musulman n'a pas le choix, cependant, lui, parle d'un asservissement accepté. Pour les musulmans, « islam » signifie : acceptation joyeuse de la volonté divine. Ils ne pensent absolument pas être asservis à la volonté divine, mais être participants. « Nous participons, disent-ils, à la volonté divine par le biais de la prière. »

Même si beaucoup d'entre eux portent un nom qui signifie « esclave de Dieu », *Abd Al Malek*, qui est mon prénom, les musulmans ne se considèrent pas pour autant comme les *esclaves* de Dieu ! Pour eux ce mot n'a pas de connotation péjorative ; au contraire, il est une source de force et de solidité.

Serait-ce alors l'équivalent du mot utilisé par les chrétiens qui eux, se définissent comme « serviteurs » de Dieu » ?

Vous avez entièrement raison, l'expression des musulmans « esclaves de Dieu » est, en effet, à comprendre dans le sens de *serviteur* de Dieu, comme chez les chrétiens ; des serviteurs conscients, participatifs, volontaires.

Pourquoi, dans la culture arabo-islamique, la notion de liberté est-elle uniquement entendue dans le cadre strict du dogme religieux ?

Parce qu'en dehors de ce cadre, la liberté est une hérésie, une négation de la religion dans ce qu'elle a de magnifique, de merveilleux, d'explicite et de manifeste, ce qui implique que la liberté elle-même se voit considérée comme un *contre-manifeste.*

Le fait qu'un individu décide d'être libre est ainsi la preuve qu'il a consenti à cette sorte de contre-manifeste qu'est la liberté individuelle, qui n'a pas lieu d'être dans le contexte musulman, puisque seule la communauté *dans son ensemble* peut être libre.

Sous cet aspect, et sur un plan philosophique comme ontologique, la liberté individuelle est limitée de manière si drastique qu'elle semble tout simplement ne pas exister. Est-ce le cas ?

Il est exact que, dans le cas de l'islam, la liberté de l'être humain est limitée de manière drastique et, de plus, elle est dualiste, voire manichéenne. Si vous ne priez pas, si vous n'adorez pas Dieu, si vous n'êtes pas obéissant au calife et à l'imam, cela signifie que vous êtes un *négateur* – terme qui existe dans le Coran –, c'est-à-dire un individu qui est contre la religion et, par conséquent, vous êtes quasiment considéré comme un « suppôt de Satan ».

La dualité est donc simple et manichéenne : soit vous faites le Bien, soit vous faites le Mal – le Mal excluant le Bien et le Bien excluant le Mal !

Vous ne pouvez pas faire les deux à la fois, pas plus que vous ne pouvez vous situer à mi-chemin entre les deux : il faut choisir.

D'ailleurs, à longueur de pages, le Coran répète : « Il faut que les croyants choisissent. S'ils veulent être de vrais croyants, ils doivent *choisir* la bonne voie au détriment de la mauvaise. » Dès lors, comme la mauvaise voie (qui inclut la liberté) est, évidemment, condamnée, si vous décidez malgré tout d'être libre en tant qu'individu, vous devez en accepter la conséquence majeure : la mise au ban de la société.

Certes, étant donné qu'aujourd'hui nous ne cheminons plus sur les anciens fondements et que la vraie religion a, en quelque sorte, perdu du terrain, il arrive que sur de mauvaises bases et pour de mauvaises raisons, nous pouvons être libre – sans le savoir –, même si, actuellement, la religion, qui n'est pas seulement liberticide, peut néanmoins s'offenser de cette liberté.

Autrement dit, dans la mesure où l'islam a beaucoup

régressé (contrairement à l'islam d'antan, il est aujourd'hui assez nécrosé, disputailleur, violent vis-à-vis des non-musulmans et des hérétiques de l'intérieur), la liberté n'est alors plus aussi contrainte que par le passé. Mais cette évolution s'étant produite sur de mauvaises fondations, c'est-à-dire face à une religion qui s'est appauvrie dans le temps, nous nous retrouvons avec une liberté presque excédentaire. En fait, nous sommes des communautaires désirant vivre dans une communauté, seulement, comme nous nous retrouvons soudain presque sans religion pour nous contrôler, pour nous intimer l'ordre de vivre *avec* les autres, nous sommes confrontés à une trop grande liberté, qu'en réalité nous ne voulons pas. Par exemple, jusqu'à la récente islamisation des pays musulmans, il n'était pas obligatoire que l'individu aille prier le jour du vendredi lorsque le muezzin appelait à la prière. Or, depuis l'islamisation, il est strictement interdit d'être dans la rue, quand le muezzin appelle à la prière ; il faut aller prier. De ce point de vue, la laïcité a connu un recul manifeste.

Cette rigidité est-elle consécutive à la politisation de l'islam ?

Oui, et ce que nous appelons la *politisation de l'islam* est une renaissance sur des bases fondamentalistes, car la politisation en elle-même n'est qu'un des aspects du changement.

L'autre aspect, lui, est invisible, il s'agit d'un retour à l'islam tel qu'il était initialement enseigné, sans que les personnes qui exécutent ce retour soient forcément des terroristes. C'est essentiellement un retour fondamentaliste, un retour sur les fondements initiaux, une ré-islamisation, qui n'est pas nécessairement islamiste.

N'est-ce pas ce type de mouvement à rebours qui induit la violence ?

Non, pas ce mouvement-là. En l'occurrence, j'évoque le parti piétiste, qui, en effet, opère un retour à la religion des origines, mais uniquement sous l'aspect piétiste.

Opèrent-ils également un retour à l'islam en tant que culture ?

Ce serait l'idéal. Malheureusement ils ne le font pas. Ce retour à la religion se situe essentiellement au niveau du dogme. Quant au retour à l'islam en tant que culture, il n'y a que les laïcs et les personnes qui ne sont ni fondamentalistes (au sens premier du terme, c'est-à-dire voulant revenir aux fondements de l'islam, par un retour de piété), ni islamistes (c'est-à-dire faisant un usage politique de la religion) qui puissent être les porteurs de cette troisième voie.

Actuellement, en dehors des schismes historiques des écoles, il existe trois grandes familles de musulmans. Il y a également trois grandes familles au niveau même des schismes : les sunnites, les chiites, et les kharidjites dont on n'entend jamais parler parce qu'ils ne forment qu'une petite minorité. Les sunnites sont les plus nombreux, ils concernent huit dixièmes des musulmans du monde ; environ un dixième et demi représente les chiites, qui sont majoritairement Iraniens et Irakiens. Personnellement, je les mets tous au même niveau et, vu de France, il y a, en fait, trois grandes catégories de musulmans.

La première voie, qu'elle soit sunnite, chiite ou kharidjite, est doctrinale. Ses adeptes veulent revenir à l'islam originel, par la voie piétiste, par la voie pacifique, sans jamais mener la guerre à qui que ce soit, mais veulent seulement remplir à nouveau les mosquées. Ils ne demandent rien à personne et se cantonnent à la religion.

La seconde voie est représentée par un sous-ensemble qui préconise l'islamisme comme méthode. En effet, la voie islamiste consiste à vouloir transformer la force de la religion en une force politique. De quoi rêvent les islamistes ? Ils rêvent de conquérir le monde, d'imposer l'islam à tous, en commençant par les pays musulmans, car la moitié ne sont pas *vraiment* musulmans selon leurs critères personnels. Ils veulent donc utiliser l'incommensurable force de l'islam et de la croyance en Allah comme une arme politique. Il faut admettre que le système est, certes, pervers, mais génial. S'ils parvenaient à leurs fins, cela produirait une gigantesque et inimaginable lame de fond !

Ce serait les guerriers d'Arabie du XXIe siècle !

Cette lame de fond ne ressemblerait-elle pas plutôt à un cauchemar ?

Oui, ce serait un cauchemar, du moins pour ceux qui ne seraient pas dans le bon camp. Car, pour les islamistes, ce serait la réalisation d'un rêve, l'éden absolu.

Puis la troisième voie est, elle, composée de *tous les autres* qui, à mon sens, sont les plus nombreux. Sous l'appellation globale de « tous les autres », se trouvent ceux qui ne sont ni partisans du fondamentalisme pur et dur (revenir à la *charia*, au port du voile, à la nourriture *halal*, à tous les interdits, aux rituels scrupuleusement respectés au point de laisser les magasins ouverts quand résonne l'appel à la prière), ni pour la politisation à outrance de la religion, avec l'usage abusif qui est fait de la « guerre sainte », (la volonté de conquérir le monde, de l'islamiser et de décapiter les récalcitrants). Cette troisième catégorie rassemble, de loin, le plus grand nombre de personnes, mais on ne les entend jamais car elles ne possèdent ni parti ni mosquée pour s'exprimer.

La première voie est représentée par les piétistes, la seconde, par les fondamentalistes politiques, les islamistes, mais cette troisième catégorie, bien que sans parti, a-t-elle pour autant un nom ?

Oui, elle a un nom, c'est la majorité silencieuse ! Même en Orient, elle est appelée ainsi. Cette majorité silencieuse est celle qui ne dit rien et accepte le pouvoir du plus puissant, qui accepte sans broncher celui qui crie le plus fort. Il est même fréquent de connaître certaines personnes absolument laïques qui, soudain, se laissent pousser la barbe, etc. ! Dans la nuit, ils ont été convertis, ils deviennent islamistes, et vous ne pouvez plus leur parler...

L'importance, en nombre, de cette majorité silencieuse, n'est-elle pas un élément potentiellement très dangereux, dans la mesure où elle peut être facilement récupérée par les piétistes ou les islamistes ?

C'est absolument exact, d'autant plus que la majorité silencieuse est souvent une majorité qui ignore tout des ressources de l'islam. C'est cela le malheur... En revanche, les deux autres groupes ne sont pas ignorants du tout.

L'un est savant, le groupe piétiste, dans l'unique objectif de revenir à la tradition initiale, au Livre. Toutefois, comme ils ne sont pas très agressifs, ils arrivent facilement à se faire accepter par tous.

Seulement, le groupe islamiste, lui, utilise son savoir dans le dessein de contraindre *l'autre*, de contraindre les *mauvais*. Et, bien sûr, ils commencent à exercer leurs contraintes sur les mauvais musulmans « de l'intérieur ». Ils obligent les hommes à porter la barbe, les femmes à se voiler, qu'elles soient médecins, avocates, enseignantes, ou professeur d'éducation physique, etc.

Dès lors, le troisième groupe étant, comme nous le disions, le plus fourni mais, face aux deux autres, le plus apolitique, il est clair que nous ne l'entendons jamais. Et c'est cela le problème ! Car, de fait, il est extrêmement difficile de le faire bouger, évoluer.

Autant les deux autres groupes sont mobiles, puisqu'ils savent pourquoi ils se battent, et sont convaincus de ce à quoi ils tiennent ; autant ce troisième courant est hors-jeu, et les deux premiers en font ce qu'ils veulent.

C'est d'ailleurs pourquoi il y a tellement de pseudo-prédicateurs. Même votre voisin, que vous pensiez très pacifique, peut subitement devenir prédicateur...

Parler de liberté, c'est aussi évoquer le « libre arbitre » de l'individu, qui est le sujet qui fonde notre réflexion.

Être musulman et posséder son libre arbitre, n'est-ce pas totalement antinomique ?

C'est antinomique si nous nous situons par rapport à une doctrine fossile. Le libre arbitre ne peut s'exprimer sainement sur un fond général d'obscurantisme. Un grand nombre de conditions préliminaires doivent être réunies pour parvenir à dire le *Vrai*. Seul le révolutionnaire, ou l'anarchiste, arrive à échapper à ses phases d'approche. L'un et l'autre rejoignent alors, même un court instant, le rang des prophètes.

En ce qui me concerne, je suis plus pragmatique, plus soigneux des formes. Je pressens, en effet, que ce sont ces formes mêmes qui permettent potentiellement de contourner l'obstacle, d'aller plus loin dans ce que la révolution seule, ou l'anarchie, me donne la possibilité d'exprimer. Autrement dit, l'évaluation de mon action s'établit sur la base de ce qui existe déjà, et non pas sur l'illusion d'un monde meilleur, qui est vaine, à moins d'être assumée par chacun de nous et cela à tout moment.

Cette antinomie entre le libre arbitre et l'islam n'existait pas lorsque l'islam était porteur de civilisation. À cette époque, il y eut des musulmans comme Averroès, Avicenne, Ibn Khaldun, un grand sociologue maghrébin, et encore bien d'autres penseurs comme eux, des savants, des médecins, qui n'étaient pas hors de la religion, même s'ils étaient hors du dogme strict.

À ce sujet, il est nécessaire d'apporter une précision. Je fais une nette distinction entre la foi et la religion. De plus, à l'intérieur même de la religion, il y a plusieurs niveaux : la religion authentique, la religiosité et, en dernier, l'hypocrisie religieuse, soit un individu qui utilise la religion pour paraître religieux, alors qu'en réalité, il ne l'est pas du tout, et se montre à la mosquée pour faire bien et surtout se faire bien voir... Par exemple, je connais un boulanger, complètement chauve, qui, chaque vendredi, se rendait à la mosquée de la capitale d'où la prière était retransmise par la télévision. Et tous les vendredis, il repérait la caméra principale et se plaçait dans le bon angle de manière que, chaque semaine, tout le monde voit son crâne chauve à l'écran et ainsi reconnaisse le boulanger ! Comme par hasard, il se trouve que c'est un commerçant, et qu'il a ainsi multiplié sa fortune par dix...

Cela dit, il faut préciser que, paradoxalement, l'islam ne condamne pas l'argent. Le Prophète, lui-même, le dit : « Enrichissez-vous autant que vous le voudrez, pourvu que votre richesse soit légitime, qu'elle n'ait pas été acquise au détriment d'un autre. La richesse en tant que telle n'est pas impure. »

Bref, pour l'islam, l'argent n'est pas impur.

Pourtant, le Coran ne précise-t-il pas également que l'homme ne doit tirer aucune fierté dù fait de posséder une certaine richesse, car, de toutes les façons, il n'y est strictement pour rien, cet argent lui vient uniquement d'Allah ? Sur le plan humain, n'est-ce pas dévalorisant ?

Ce que vous dites est vrai à propos du fait que l'argent vient d'Allah, mais je ne pense pas que cela soit dévalorisant pour l'homme. En fait, cela l'oblige seulement à certaines adaptations. Certes, quand vous savez que l'argent n'est pas le vôtre, que c'est Dieu qui vous l'a donné, vous êtes tranquille, vous pouvez en distribuer autant que vous voulez, puisque ce n'est pas vous qui l'avez gagné, et cette pensée incite à des comportements assez paradoxaux.

Jusqu'à il y a encore peu de temps, il n'existait aucune volonté de se livrer à des jeux d'argent, à la spéculation, afin de, par exemple, chercher à multiplier sa richesse par dix.

Les musulmans pensaient qu'ils n'avaient aucune raison de se battre pour multiplier leurs biens par dix, puisque Dieu, Allah, le ferait, et même les multiplierait par vingt. Par conséquent, cela pousse en quelque sorte les musulmans à totalement s'en remettre à Dieu ; si cette attitude ne les empêche pas de vouloir gagner de l'argent, cela les conduit à penser que, quoi qu'il arrive, Dieu fera fructifier l'argent qu'ils gagnent, et qu'ils n'ont donc aucun souci à se faire.

C'est pourquoi ils possèdent un incroyable détachement par rapport à l'argent, et nous avons l'impression que le milliardaire est aussi humble que le plus pauvre, puisque la religion lui affirme que l'argent qu'il possède n'est pas à lui, mais à Dieu.

En ce qui vous concerne, comment avez-vous vécu, et vivez-vous, le fait d'à la fois posséder votre libre arbitre (car tel est le cas), d'être un acteur libre de votre propre histoire, et d'appartenir à la

culture musulmane au sein de laquelle cela reste extrêmement difficile ?

Je l'ai vécu, et je le vis, très harmonieusement et très positivement car c'est le reflet (et les effets) de mon histoire. J'ai étudié la philosophie et les Lettres au lycée, j'ai obtenu un baccalauréat de philosophie en arabe, et j'ai étudié la psychanalyse, l'anthropologie et les sciences politiques à la Faculté. Ce sont des disciplines qui exigent un esprit réflexif permanent, dans une dynamique de réflexion constante. Autrement, il est préférable de changer d'orientation. Il ne s'agit pas de mathématiques, ou d'ingénierie qui enseigne comment construire un pont, ouvrage pour lequel vous avez uniquement besoin d'équations fiables, de matériaux solides, d'ouvriers sérieux, etc. Pour faire de la psychanalyse, il faut avoir, en plus, un grain de folie, sinon ce n'est plus de la psychanalyse... Dans cette discipline, il n'y a rien à apprendre par cœur. L'anthropologie relève du même principe, puisqu'il s'agit de réfléchir sur le genre humain, un genre humain qui a toujours été complexe, de l'Antiquité jusqu'à nos jours ; il n'évolue pas toujours, ni dans le bon sens ni dans un seul sens, il est dispersé, multiple, versatile, etc.

Voilà sans doute les raisons qui font que je suis censé posséder un libre arbitre, sans me poser la question de savoir si je suis ou non conforme à l'esprit dominant. De plus, je suis fier de ce que l'islam a apporté comme contribution à la civilisation de l'humanité entière.

Parlez-vous de l'islam en tant que religion ou en tant que civilisation ?

Les deux, mais plus précisément en tant que civilisation. L'islam a prouvé qu'il n'était pas incompatible avec le savoir et, personnellement, je m'inscris très clairement dans une filière de savoir. Non pas une filière de protestation, ou de militantisme, mais uniquement de savoir.

C'est par le savoir, par la force tranchante du savoir, que j'ai acquis ce libre arbitre. Par conséquent il ne s'agit en réalité que du libre arbitre que procurent les connaissances en général, et non du mien en particulier.

Dès l'instant où vous commencez à réfléchir en termes sociologiques, psychanalytiques ou philosophiques, le libre arbitre est obligatoirement votre base de réflexion, car les concepts que vous utilisez ne sont pas des concepts d'assujettissement, mais des concepts tellement fins, tellement nuancés et articulés qu'ils ne peuvent être que tranchants et fureteurs. Dans le pacte que j'ai fait avec moi-même en m'orientant dans ces disciplines de sciences humaines, je me suis également engagé à les explorer sans avoir de tabous, de blocages ou d'inhibitions, notamment par rapport aux concepts qui pourraient me déranger.

Je suis fier d'être issu de l'islam, car j'ai constaté tout ce qu'il avait apporté à l'humanité, je suis fier qu'il existe encore des musulmans qui soient dignes, qui n'agressent personne, qui respectent les voisins, les femmes et qui soient tolérants et ouverts. Mais je suis honteux quand je vois des musulmans grossiers et violents. Et je persiste à clairement distinguer la foi (cela ne m'empêche d'ailleurs pas d'avoir la foi, si je dois en avoir une, même très grande) de la pratique. La pratique relève du fait d'être dans un protocole, qu'on appelle religion, qui astreint à pratiquer d'une manière rigoureuse les rituels imposés.

Selon vous, qui avez adopté une position personnelle par rapport à la religion, le libre arbitre et l'accès au libre arbitre sont-ils des éléments fondamentaux pour l'évolution de l'être humain ?

Au début, je ne l'ai pas mesuré ainsi. Peut-être ne l'ai-je pas anticipé ni pressenti de cette manière. Néanmoins, j'ai assez rapidement compris que, compte tenu de mon caractère, de mon histoire, de mon exil intérieur (parce qu'il n'y a pas d'exil géographique sans qu'il y ait, auparavant, un exil intérieur), ma seule issue était de me diriger vers cette autorité morale que me confère la science. Encore une fois, c'est donc grâce à la science, au libre arbitre propre à la science et dans lequel je m'inscris, que j'ai réussi à m'approprier une part, même infime, de libre arbitre. Mais, *a priori*, moi seul, je n'ai jamais considéré qu'il était nécessaire de m'opposer farouchement, et de manière militante ou radicale, à la religion pour exister. J'ai seulement pris le parti de la science, mais pas *contre* la religion.

Il est possible que, m'étant éventuellement trouvé en déshérence par rapport à la religion, au sens dogmatique du terme, j'aie choisi la solution la moins mauvaise, qui était d'aller vers la science au lieu d'aller vers la délinquance. J'ai peut-être choisi la science comme moyen terme entre l'hérésie et la foi.

En fait la science, c'est-à-dire la connaissance, serait le « chemin du milieu » (expression orientale) entre la foi extrémiste et la délinquance, l'une comme l'autre étant des sources de violence ?

La connaissance permet, en effet, de cheminer entre la foi aveugle, absolue, indiscutable, irrécusable, et le nihilisme radical, qui est une autre forme de religion, une autre idéologie.

D'une certaine façon, j'ai choisi la voie la plus sobre, la moins brillante – quand vous êtes nihiliste ou très religieux, cela se voit, vous êtes remarqué –, mais cette voie du juste milieu est également la plus paisible.

En fait, je suis, à la fois, un peu taoïste et musulman... Un être universel proche des Droits de l'homme. Et s'il existe une transgression par rapport à l'islam, elle vient de l'outil de travail que j'ai choisi, de ma discipline, de mon type de réflexion ; il y a peut-être alors une possible transgression, mais sans volonté de ma part de transgresser quoi que ce soit.

Il semble que, de même que pour aborder une réinterprétation des textes sacrés, il y ait également une nécessité de transgression dans la démarche entreprise pour accéder à son libre arbitre. Dans ce dernier cas, sur quoi porte la transgression ?

En premier lieu, la transgression concerne nos propres frilosités, nos propres blocages. Sur le plan psychologique, une transgression est nécessaire pour aller jusqu'à son *Je*, pour aller jusqu'à un *Je* possible, un *Je* autonome et conscient d'être un *Je* et non quelque peu aléatoire. Être conscient d'être un *Je*, c'est aller vers son devenir d'acteur.

Il s'agit, avant tout, de rompre le cercle infernal des inhibitions personnelles, issues de l'enfance, où l'on vous dit sans cesse de ne pas vous mettre en avant parce que c'est prétentieux, que c'est mal vu, vaniteux, etc. Il est clair que cette morale culpabilisatrice que nous avons reçue dans l'enfance est une véritable chape de plomb qui nous interdit d'être nous-même. Et, être soi-même, sans forcément chercher à être un Narcisse ostentatoire, est une attitude critiquée, puisque c'est la preuve que l'on a, malgré tout, réussi à être soi, alors que depuis toujours il nous a été rabâché qu'il faut être ce que l'autre veut que l'on soit !

Bref : il faudrait être, non pas soi-même, mais ce que l'autre veut voir en vous !

Ensuite, lorsque cette première étape est franchie, il faut alors transgresser le deuxième cercle, celui de la culture acquise, ou de la discipline dans laquelle vous évoluez, parfois depuis l'enfance. Et certaines disciplines ne vous offrent aucun libre arbitre. Un exemple : la médecine. La médecine faisant jurer, devant un conclave de médecins, de respecter le serment d'Hippocrate, pour celui qui tient à respecter ce serment, l'idée même de se marginaliser devient insupportable.

Il en est de même pour la religion. En vous engageant dans la religion, en devenant imam, vous possédez peut-être un libre arbitre, mais *uniquement* à l'intérieur de votre domicile.

Enfin, nous rencontrons le troisième cercle de contraintes à traverser. Il est, cette fois, plus diffus, plus difficile à cerner. Il s'agit de ce que l'époque attend de vous, de ce que les voisins attendent de vous, ce qu'espèrent votre ami, votre femme, votre mari, votre famille, ce tout étant, en quelque sorte, votre *mission.* La question à se poser est alors : ma mission est-elle d'être conforme à ce qu'on attend de moi et de ne dire que ce que les autres veulent entendre ? ou bien, de ne dire que ce que je pense réellement, en mon âme et conscience, la vérité, quitte à me fâcher avec les trois cercles réunis ?

Ces trois cercles-étapes, je le rappelle, étant : en premier lieu, soi-même, car lorsque nous ne sommes plus à l'aise avec nous-même, nous connaissons des problèmes de culpabilité ; deuxièmement, notre discipline : « Suis-je un bon psychanalyste ? suis-je un bon journaliste ? un bon écrivain ? » Et, troisièmement, l'entourage social et familial : « Ce que je dis va-t-il être perçu et compris exactement comme j'aimerais qu'il le soit ? » Beaucoup de philosophes ont payé de leur vie la transgression de ce troisième cercle. Galilée, par exemple, lorsqu'il a affirmé que la terre n'était pas plate, mais ronde. Il est mort, uniquement pour avoir osé énoncer une vérité qui dérangeait l'ordre établi de son temps. Et, comme Galilée, beaucoup de philosophes, de libres penseurs ou d'opposants politiques sont morts parce qu'ils avaient rompu le fameux troisième cercle de *la convenance réciproque.*

Certes, si l'on respecte la convenance réciproque, on ne transgresse rien, seulement, on ne progresse pas !

En réalité, lorsque vous êtes un *être de conscience*, vous êtes dans la transgression du matin à votre réveil jusqu'au moment où vous vous endormez. L'être de conscience est, en permanence, lié à sa conscience, et ne doit rendre des comptes qu'à elle seule. Cette conscience est, je l'admets, elle-même influencée par la culture, par la religion, par les origines, etc., seulement, *l'être* de conscience demeure présent, et c'est cet *être* même qui est le facteur déclenchant pour que la conscience s'adresse à lui.

Je pense que nous sommes donc sans cesse dans la transgression, que cette transgression soit volontaire ou involontaire. Autrement dit, nous sommes tous en train de nous parfaire ; certains pour complaire à Dieu, d'autres pour parachever une formation, une maturation possible, et d'autres encore (le troisième cercle) parce qu'ils ont compris que leur salut est dans la vérité et qu'ils sont là pour remplir leur modeste, mais propre mission.

C'est en regard de ces trois étapes à franchir, nécessaires à l'évolution personnelle, que je m'autorise à transgresser, car il est tout simplement impossible de faire autrement.

Je ne conçois même pas la vie sans transgression, y compris celle qui vise mon ascétisme en matière culinaire ou vestimentaire, mon éthique de discrétion, ma retenue...

La plupart du temps, le mot « transgression » est perçu de manière négative et péjorative. Le philosophe Paul Loubière affirme que la transgression peut entraîner l'homme vers l'évolution comme vers la régression. Par exemple, vouloir s'affranchir d'une méthode, d'une voie, par l'autonomie et la transformation,

est alors l'aspect positif de la transgression car elle entraîne vers la progression. En effet, dans ce cas, l'homme crée sa propre loi, mais ne supprime pas la règle, il substitue seulement une loi tacite à une loi écrite.

Vous sentez-vous en adéquation avec cette définition ?

Oui, absolument, car c'est exactement ce que je fais. Voilà pourquoi, précédemment, je disais que je ne transgressais pas l'islam ; je ne combats pas la loi explicite, je ne suis pas fou. Il existe un milliard deux cents millions de musulmans dans le monde, que voulez-vous que je fasse, en regard d'une telle somme de vérités ? (Car chacun à *sa* vérité, surtout dans le domaine de la foi). Je respecte donc le cadre ordinaire en tant que tel, le cadre légal où s'inscrit la non-transgression mais, dans ma traversée du désir, j'inscris tacitement ma transgression, sans que je l'explicite vraiment, sinon je deviendrais un militant, un opposant politique, ou je ferais une déclaration d'athéisme. Et je ne déclare rien de tel.

En revanche, il est possible que ce type de réflexion puisse également me conduire à remettre en question le cadre même dans lequel je m'exprime, à le pousser très loin dans sa logique, cadre aussi bien linguistique que physique, au point que je pourrais me demander : « Suis-je vraiment croyant ? » Ainsi, progressivement, je peux remettre en question l'ensemble des dispositifs qui me permettent de penser, l'unique objectif étant de toujours respecter mon choix initial. Je ne suis ni conformiste (tout accepter, tout croire et tout répéter servilement) ni nihiliste car, après le nihilisme, que peut-il y avoir ? Le nihilisme du nihilisme... ? Nous serions alors confronté au problème du néant et je refuse d'aller jusque-là, car cela m'empêcherait (tout autant que le conformisme) d'être moi-même, un être auto-pensant et un être de conscience. Pour être un être qui transgresse, il faut qu'il y ait quelque chose à transgresser !

D'ailleurs, Dieu lui-même n'a-t-Il pas, d'une certaine manière, créé Satan pour qu'existe une figuration du Mal ? Il ne peut pas évoquer le Mal sans qu'il y ait une entité pour l'incarner. Il a poussé Satan à la désobéissance, uniquement pour qu'il puisse incarner le Mal, afin que l'être humain voie qu'il existe le Bien et le Mal et puisse *choisir* entre l'un et l'autre.

Il n'y a pas de libre arbitre sans que soit donnée la possibilité du choix.

En fait, la noblesse de l'être humain n'est pas dans le fait de ne connaître que le Bien et de le respecter, mais plutôt d'être confronté au Mal comme au Bien et de faire le bon choix ?

Et de *choisir* le Bien ! Oui, c'est en cela que se trouve la grandeur de l'être humain.

D'ailleurs, lorsqu'il s'agit du Mal, nous n'utilisons pas le verbe « choisir », mais « céder », car il n'y a aucune grandeur à *céder* au Mal puisque l'effort n'est pas nécessaire ; le Mal vient lui-même vous chercher, c'est lui qui tourne autour de vous et tente de vous séduire.

D'un autre côté, si le Mal n'existait pas, il n'y aurait aucun mérite à faire le bien ?

Oui, parce qu'il n'y aurait aucune tentation. Sans le Mal, il n'y a pas de tentation donc pas de transgression, en clair, il n'y a rien !

Pensez-vous que le Mal existe pour nous faire devenir méritant ?

Le Mal est là pour nous faire *choisir* de devenir nous-même, et meilleur. Alors que, dans le fait de *céder* à la tentation, il n'y a, comme vous le dites, aucun mérite et, au contraire, il s'agit même pour certains d'une preuve de lâcheté.

D'après vous, quel est le pourcentage de musulmans dans le monde capables d'entendre et de comprendre le type de transgression positive, évolutive et dynamique que vous proposez et exercez ?

Une minorité. Une fois encore, nous pouvons séparer les musulmans en trois catégories. Il y a les « Pensants », ceux qui connaissent l'islam, qui connaissent la doctrine, qui interprètent le Coran et qui ont décidé de ne pas vous écouter sur ce sujet, car ils considèrent que ce que vous dites est ignominieux, totalement anticlérical et que cela est dirigé contre Dieu et Mahomet. Cette première catégorie rassemble les piétistes, les fondamentalistes et les islamistes.

Ensuite, nous avons les « Non-pensants », ceux qui n'ont aucune idée de ce que vous dites, qui n'ont pas d'opinion, mais composent l'extrême majorité. Qu'ils aillent ou non à la prière, dans un cas comme dans l'autre, ils le font sans savoir pourquoi ; ils respectent le ramadan, mécaniquement, etc. Les individus de ce groupe sont, eux, très affligés que vous puissiez avoir ce genre d'idées et pensent que vous êtes en danger. Ils sont consternés que telle personne, si gentille et tellement respectée, puisse se conduire si mal.

Enfin, la troisième et dernière catégorie, qui représente la minorité, est celle qui a, d'une certaine manière, « pris les devants ». Elle s'est trouvée confrontée à des problèmes, à des non-sens, à des absurdités, et ne les a gérés ni par la violence ni par le dogmatisme. Ces personnes, qui ne sont ni fondamentalistes ni « mal-pensantes », ont, elles, au contraire, décidé de réellement, efficacement, *penser !* Malheureusement, elles sont trop peu nombreuses, même dans le secteur des sciences humaines. Il y a certes des philosophes diplômés, mais ils n'ont pas l'attitude en adéquation avec le document. L'université vous délivre des diplômes, mais elle ne les assortit pas du savoir-faire qu'il faudrait.

Par conséquent, il est vrai que la solution que je préconise est une solution d'élite qui, je l'espère, n'est pas irréaliste. Pour moi, il s'agit essentiellement que nous puissions grandir avec des gens qui décident de réfléchir par eux-mêmes, sans s'illusionner ni se complaire aux spéculations d'un Au-delà mirifique qui n'existe à mon avis que dans les rêves.

Géographiquement, cette minorité à laquelle vous faites référence se situe-t-elle plutôt en Occident, ou bien est-elle diffuse ?

Nous retrouvons des membres de cette minorité un peu partout, y compris en Orient. En Orient, il existe deux sortes de musulmans incarnant cette minorité qui décident de penser – de penser *l'impensable* ou, pour le moins, le « non-pensé ». Dans le premier cas, ce sont des gens qui peuvent être cultivés, mais pas forcément. Ce sont des cyniques-goguenards, d'un cynisme amusant (et non pas professionnel comme celui des nihilistes), ils sont dans la dérision, dans le décalage, l'anachronisme, ils sont sympathiques et, mine de rien, peuvent être de bons musulmans. Ce sont des croyants, mais globalement non pratiquants, un peu buveurs de vin, un peu dissipés, un peu gais lurons, joyeux, noceurs, en fait, un peu épicuriens, seulement ce sont des gens qui ne se racontent pas d'histoires. Ils savent très bien qu'ils ne font le ramadan que pour avoir la paix dans leur famille, ou avec leurs amis, pour qu'on ne les ennuie pas. Ou encore, s'ils ne font pas le ramadan, ils restent seuls chez eux.

La seconde sorte de musulmans qui composent cette minorité regroupe certains chercheurs et penseurs qui ont écrit des livres ou des articles sur ces questions, qui ont été excommuniés sous le prétexte de *Zandaqa* (hérésie, irréligion) et ont subi les pires tourments de la part des autorités religieuses et politiques – car dès qu'il s'agit de sanctionner, les autorités politiques et religieuses se retrouvent toujours en accord et sont très efficaces.

Certains Anciens avaient d'ailleurs écrit à propos de cette distance prise avec le dogme. Par exemple, Al Hallaj (v.858-922), un grand mystique musulman disait : « *Je suis Dieu, je suis la Vérité.* », et ajoutait : « *moi, je ne vais pas en pèlerinage, parce que je préfère le pèlerinage spirituel au pèlerinage géographique ; il n'y a même aucune comparaison entre l'un et l'autre.* » Mais les personnes comme lui, qui ont réfléchi à cela, dans leur propre voie, sont, pour la plupart, restés anonymes. Si le mouvement des *Mu'tazilites* qui, lui, était connu des philosophes, un autre mouvement, nommé *Ikhwan as-safa*, qui signifie « les Frères de la Pureté », était composé de gens qui sont totalement restés anonymes. Il paraît qu'il s'agissait d'enseignants, de grammairiens, de juristes, qui, ayant écrit des pages incendiaires ont alors choisi de garder l'anonymat pour ne pas être châtiés de leur transgression.

Cependant, il faut savoir que ces personnes-là, les Frères de la Pureté, comme le mouvement philosophique des *Mu'tazilites* furent, en réalité, les inventeurs du libre arbitre en islam.

Le *Mu'tazila*, qui était le mouvement philosophique officiel, fut, pendant un moment, soutenu par le califat et reçu au palais, seulement, au temps du calife suivant [Ja'afar al Mutawakkil (822-861), IIe calife abbasside], il fut combattu, et tous ses membres devinrent alors *personae non gratae,* des *« zindiqs ».* C'est ainsi qu'ils ont été éliminés et que le mouvement s'est arrêté.

Quant au mouvement des *Ikhwan as-safa*, les Frères de la

Pureté, d'après les spécialistes qui se sont penchés sur la question, il fut considéré comme une corporation inquiétante, une sorte de franc-maçonnerie secrète, qui développait des idées étranges, pas vraiment anticléricales mais presque, et remettait en question de nombreux thèmes, notamment la notion d'autorité. Nous ignorons s'ils étaient mazdéens, manichéens ou autres, mais, en tout cas, ils étaient hétérodoxes.

Pourtant, ces deux mouvements que l'on vient de prendre pour exemple, étaient géniaux ! Au Xe siècle, les Frères de la Pureté (ou de la Sincérité) avaient déjà réalisé une encyclopédie complète des connaissances (toutes les connaissances humaines), avec un esprit analytique, un esprit critique, vif, qui n'était pas soumis à la *doxa*.

Ainsi, au cours de l'histoire, des dizaines de personnes comme elles ont, à leurs risques et périls, parfaitement prouvé qu'il était possible d'avoir un libre arbitre et une libre pensée en islam.

D'ailleurs, récemment, au début du XXe siècle, en Égypte, un homme qui s'appelait Ali Abderraziq (1886-1966) a écrit sur ce sujet des textes très courageux. D'autres ont suivi cet élan et le dernier en date, au début du XXIe siècle, toujours en Égypte, s'est même montré tellement libre penseur (il s'agit de Hamed Abou Zeid), que les islamistes ont obligé sa femme à demander le divorce (alors qu'ils s'aimaient), prétextant que son mari était un hérétique, qu'il combattait l'islam, etc.

Autrement dit, la libre pensée existe, même si beaucoup la taisent, ne l'avouent pas.

Ceux qui osent néanmoins l'exprimer le font de deux manières : soit d'une manière apaisée, comme je le fais actuellement, sans prendre parti, sans insulter qui que ce soit, sans prétendre que les autres sont des hypocrites, mais en affirmant simplement qu'il y a une place pour une autre forme de pensée, une pensée plurielle, une pensée autonome.

La seconde forme d'expression est, malheureusement, plus violente, répandue par des gens devenus agressifs face à l'obscurantisme musulman, qui perdent la mesure, perdent le contrôle d'eux-mêmes, explosent et disent : « Je préfère tout casser, tout détruire car cela me paraît vraiment trop régressif et irrécupérable ! »

Évidemment, ceux-là ont tous les ennuis possibles. Non pas tant parce qu'ils osent s'en prendre à Dieu, car en islam on peut encore *toucher* à Dieu sans en mourir, mais parce qu'ils attaquent les gouvernants ! Le mystique, dont je parlais précédemment, qui disait : « *Je suis Dieu* » n'a jamais été inquiété pour cela, on se contentait de dire qu'il était fou, marginal, et on le laissait en paix. En revanche, quand il a commencé à dire : « *Moi je suis Dieu, mais vous, vous n'êtes pas les représentants légaux de Dieu* », il a été broyé !

Remettre en question Dieu lui-même ne serait donc pas fâcheux, seulement cette démarche devient périlleuse, dans la mesure où elle conduit également à remettre en question l'autorité du calife (des gouvernants).

Exactement ! Il est fatal que la remise en question de Dieu s'étende aussi au calife, puisqu'il est son émanation suprême. Et les ennuis commencent.

En réalité, c'est bien l'autorité humaine que Al Hallaj a remis en question, et non pas Dieu lui-même. Il était passionné par Dieu, il a passé toute sa vie avec Lui, en se disputaillant plus ou moins avec Lui, en prenant même Sa place de temps en temps, mais il n'a jamais été inquiété pour cela et a d'ailleurs écrit une œuvre magnifique. Malheureusement, quand il a commencé à prétendre que le calife n'était peut-être pas tout à fait la meilleure solution qu'on ait trouvée... Ce grand philosophe fut pendu en place publique, en 921 après J.-C.

L'historien et pédagogue, Ibn Miskawayh, mort en 1030, nous raconte dans le détail cette exécution et le procès en hérésie qui l'a précédée.

Nous avons évoqué ce qu'était la transgression positive et créatrice, mais, comme nous l'avons dit, il existe également une forme de transgression négative et destructrice. Dans ce second cas de figure, il s'agit, cette fois, de se mettre au-dessus des lois sans en proposer d'autres, et d'installer le désordre à la place de l'ordre, ce qui, évidemment, supprime toute progression au « bénéfice » d'une régression.

Selon vous, les mouvements islamistes extrémistes et fondamentalistes, dont sont actuellement issus les groupes terroristes, ne s'inscrivent-ils pas dans cette transgression négative qui aboutit à la régression ?

C'est exact, en fait ils transgressent le cadre, car, selon eux, il est dévoyé. Mais, à mon avis, les islamistes et les intégristes se trompent d'adversaires. Remettre en question le cadre, sous prétexte qu'il est vermoulu, écaillé et tordu n'apporte aucune évolution créatrice.

Ces extrémistes veulent absolument changer le cadre de l'islam, (car ce sont des tyrans, usurpateurs d'un pouvoir qui, soi-disant, s'exprime à travers eux, etc.), en prétextant qu'il est vicié, mais ils n'en proposent pas un autre en remplacement.

Détruire n'est pas difficile, c'est même très simple. En revanche, il est plus ardu de reconstruire, de proposer une alternative valable, et non une alternative utopique comme la leur : revenir à l'islam du VIIe siècle. D'ailleurs, cela ne fonctionne pas ! Ou alors, il faudrait, en même temps, refuser le téléphone, refuser l'automobile, le GSM, l'eau courante, le chauffage central, etc., autant d'exemples qui sont les fruits de l'aménagement de la modernité, et qui n'ont, évidemment, rien à voir avec ceux du VIIe siècle ! Et pourquoi pas aussi repartir vivre dans le désert, près d'une oasis ?

Autrement dit, plutôt que de lutter contre les idées fausses, contre le « mauvais islam » à l'intérieur de l'islam, un islam un peu pervers, un peu profanateur ou dévoyé, eux cherchent à détruire le cadre lui-même, et c'est une profonde erreur.

Mais ne prétendent-ils pas pourtant lutter contre l'islam dévoyé ?

Oui, et de plus ils se réclament de l'autorité du Prophète lui-même ! Il y a là une double complexité.

Ils ont usurpé leur titre : de quel droit se prétendent-ils les « défenseurs de l'islam » ? Personne ne leur a rien demandé. Mais l'islam le permet... Il est attristant de constater que l'islam ouvre, en effet, la voie à tout type de prédicateurs qui peuvent y trouver les arguments de leur prédication. Sur ce point, c'est une religion très permissive.

Par exemple, en islam, pour devenir imam, aucune hiérarchie accablante ne décide pour vous. Si vous décidez de devenir imam, vous le devenez peu de temps après, de même pour être prédicateur – pour peu, évidemment, qu'on ait l'aisance orale qui s'impose !

Je pense qu'en voulant abolir le cadre et lutter contre ce qu'ils appellent « les mauvais musulmans », les fondamentalistes extrémistes ont manqué la véritable cible, qui est de lutter pour les idées, par les idées. Seulement, ils sont trop pressés ; ce sont, avant tout, des militants politiques qui n'ont pas le temps de cumuler un savoir tel qu'il pourrait alors convaincre même les plus irréductibles, en premier lieu chez les musulmans.

Pourtant, paradoxalement, beaucoup se convertissent à l'islam. C'est toute l'ambiguïté du phénomène ; d'un côté, nous avons de nouveaux convertis à l'islam et, de l'autre, des gens violents, qui se réclament de l'islam mais sont nihilistes, transgressent tout, détruisent et ne remplacent rien, ou alors substituent à la belle architecture d'une république démocratique laïque, fraternelle et humaine, le dogme de la mosquée, c'est-à-dire la cité autour de la mosquée. Certes, ce système fonctionnait au temps du Prophète, mais le Prophète était, d'une part, très charismatique et, d'autre part, tout ce qu'il instaurait était obligatoirement efficient puisqu'il en était le créateur.

Un homme comme Ben Laden pourrait-il être aussi charismatique et suivi que le Prophète Mohammed ?

Non. Ben Laden a une trop forte pulsion de mort. Je ne critique pas tant le fait qu'il veuille s'entourer de jeunes soldats, ou d'un groupe, ou même qu'il veuille créer un État islamique là où il veut, etc., je réprouve le principe nuisible qui consiste à tuer les autres pour pouvoir exister. Ce principe n'est pas digne d'un musulman, non plus que de n'importe quel être humain. C'est par la conviction que vous pouvez convertir des gens, et non en leur faisant peur. Jamais les êtres ne se convertissent par peur, ou alors c'est un moyen tactique : ils le font pour avoir la vie sauve, mais ce n'est pas une véritable conversion. L'Histoire nous en a donné quelques tristes exemples...

Ce qui me déplaît, chez Ben Laden, c'est qu'il soit sectaire, qu'il n'ait pas accompli un travail de sensibilisation auprès des individus, et qu'il élise le principe de mort au détriment du principe de vie.

Personnellement, les gens qui me séduisent sont ceux qui me parlent de la vie, ceux qui prennent le chemin le plus difficile pour me convaincre de quelque chose de si sublime, que je ne peux alors pas y résister.

Cet homme est sans doute un bon chef de secte, mais il est loin d'être le calife de demain et, à l'intérieur même de l'islam, il s'exposera à une forte opposition.

Les musulmans (dans leur ensemble) sont-ils conscients du danger que représente le fait que les extrémistes et les terroristes utilisent la transgression négative pour parvenir à leurs fins et quelle est la position des imams à ce sujet – imams que l'Occident trouve étrangement silencieux ?

Il apparaît que, dans leur extrême majorité, ceux que j'appelle les « non-pensants » trouvent valorisant qu'un homme comme Ben Laden s'oppose à l'Occident. Certes, leur avis ne compte pas dans les décisions, mais ils sont néanmoins la majorité que l'on rencontre dans la rue. Toutefois, il suffit que vous vous retrouviez face à l'un d'eux, et que vous essayiez de lui expliquer les véritables enjeux de cette attitude composée d'un peu de pseudo-virilité, de redressement du musulman face à l'Occident païen, athée, matérialiste, cynique, etc., que vous lui montriez les réels motivations du comportement de Ben Laden, et de ceux qui agissent derrière lui, dans l'ombre, pour qu'il comprenne très vite le bien-fondé de vos propos et vous suive dans votre démarche.

Le danger vient effectivement des imams qui, normalement, sont chargés de se faire une opinion et d'exprimer leur position face au rôle, aux objectifs et aux agissements d'un homme comme Ben Laden.

Car ils ont une opinion – tous –, mais ne l'expriment pas. Pourquoi ? Pour ne pas perdre leurs ouailles, les imams sont

obligés de se taire : s'ils disent ce qu'ils pensent, leurs mosquées se videront.

Cela signifie-t-il que tous les musulmans qui vont à la mosquée sont des partisans, même passifs, de Ben Laden ?

Non, pas tous.... Toutefois, les « non-pensants », eux, croient ce qu'on leur dit de croire et, comme nous l'avons précisé, ils ne sont évidemment pas les plus influents, mais restent les plus nombreux.

En réalité, en France comme dans le monde entier, si nous supprimons le côté quantitatif à l'islam... il n'y a plus d'islam !

Il n'existe qu'une infime minorité qui réfléchit, pour une extrême majorité de musulmans. Dès lors, si vous éradiquez la fraction musulmane majoritaire en nombre, et si vous ne conservez que les individus qui réfléchissent... l'islam n'existe plus. L'Occident n'a alors plus de raisons de le craindre, il peut dormir tranquille.

Vous dites que les imams ont leur opinion, mais qu'ils se taisent pour ne pas vider les mosquées. Selon vous, quelle est cette opinion ?

Les imams disent : « Nous, les musulmans, formons un grand peuple. Par le passé, nous avons été un grand peuple et nous le serons aussi dans le futur. »

C'est également ce que je pense à propos de la civilisation.

Mais ils ne disent jamais que Ben Laden est un traître, un hypocrite, un être malveillant qui se moque des musulmans et de l'islam, qu'il a pris tous les musulmans que nous sommes dans son piège et que nous sommes réellement ses otages puisque, non seulement, il parle en notre nom, mais il le fait en utilisant la violence et la mort.

Les imams pensent-ils réellement cela, tout en le taisant ?

Certains le pensent, mais, encore une fois, il ne faut pas se leurrer, ils ne sont qu'une minorité... Sinon cela se saurait... De plus, même ceux qui pensent ainsi sont, comme vous l'avez souligné, silencieux et mutiques. Personnellement, ce qui m'a scandalisé après le drame du 11 septembre 2001, ce fut le silence absolu, et parfaitement explicite, des imams. Et combien de gens, combien de journalistes, que j'ai ensuite rencontrés, m'ont apostrophé en me disant : « Mais pourquoi les autorités religieuses ne disent-elles rien ? »...

Il semble que cette attitude mutique soit ce qui déstabilise le plus les Occidentaux. D'une part, ils voient bien que le comportement des terroristes révulse les musulmans qui vivent en Occident et leur porte un tort considérable. D'autre part, ils constatent également que ces mêmes musulmans continuent à se rendre à la mosquée où prêchent les imams qui, par leur incompréhensible silence, semblent accréditer les exactions de Ben Laden. En réalité, l'accréditent-il vraiment ou non ?

Non, ils ne peuvent pas réellement l'accréditer. Parmi les imams, il existe une (faible) partie qui est tout aussi révulsée que les citoyens *lambda,* tels que moi et beaucoup d'autres, mais si nous, nous sommes libres de nous exprimer, de dire ce que nous pensons, ce n'est pas le cas de l'extrême majorité des musulmans.

Les imams ressentent bien que leur prestige est diminué par Ben Laden. Souvent, l'imam lui-même se trouve démuni face à l'ampleur du phénomène. De fait, quand un imam s'adressant à ses ouailles fait l'erreur de glisser un mot contre Ben Laden, en disant, par exemple, qu'il est dangereux pour les musulmans eux-mêmes, il doit alors répondre de ces paroles devant l'ensemble de ses fidèles !

En fait, l'imam, lui-même, est entravé : bien qu'il ait le droit de penser librement, il ne peut pas être un libre penseur, et cette entrave le met en situation de faiblesse.

Cette impossibilité d'exprimer ce qu'ils pensent pourrait-elle venir du fait que certains d'entre eux manquent des connaissances nécessaires, des informations essentielles ?

Non. Absolument pas. Un imam sait tout, il est déniaisé.

L'imam connaît le mouvement *Mu'tazila* dont j'ai parlé, comme il connaît *Ikhwan as-safa*, que j'ai également évoqué et qui fut réprimé, il connaît les personnes que l'on a obligées à divorcer en Égypte, il connaît le mouvement de la *Nahda*, au XIXe siècle, la renaissance de l'islam, il sait ce qu'on entend par le *nouvel itjihad* ; il a tout cela entre les mains.

Seulement, il s'interdit de penser *l'impensé*, c'est-à-dire de séparer le Coran et Dieu des actes humains.

Comme nous l'avons relevé précédemment, il se trouve que, contrairement à la religion chrétienne, par exemple, l'islam n'a aucun « pape », aucune autorité première.

La difficulté que rencontrent les imams pour exprimer ouvertement leur opinion ainsi que la facilité que semble avoir Ben Laden pour séduire et rallier à sa pensée un certain nombre de musulmans ne viendraient-elles justement pas de ce manque de « leader », de ce manque d'une autorité religieuse unique, représentant l'islam dans son ensemble ?

Vous avez absolument raison. L'absence de clergé musulman laisse une place vacante, qui autorise la prétention de très nombreux candidats à la « papauté ».

Et, malheureusement, comme toujours, c'est le plus violent, le plus cynique, le plus froid et le plus diabolique qui l'emporte.

Ben Laden ne cache d'ailleurs pas son intention de devenir le *pape* de l'islam. Comme Khomeiny, à son époque, ne se cachait pas de vouloir devenir, lui aussi, le pape, ainsi que de nombreux autres prétendants, plus ou moins charismatiques, qui ont toujours caressé l'idée qu'un jour, ils pourraient occuper cette place vacante et être le calife (pour nous, le calife est l'équivalent du pape), reconstruire le califat islamique de jadis.

Cependant, ils se leurrent au moins sur un fait précis. Peut-être ne se trompent-ils pas à propos de l'exaspération des musulmans qui se sentent dépossédés d'eux-mêmes, dépossédés des richesses de leur sous-sol, de leur espace aérien, de leur autorité politique par des pouvoirs fantoches à la solde de l'Occident, mais ils restent dans l'erreur au moins sur un point : les musulmans ont appris à vivre et à cohabiter avec les autres, les musulmans ont voyagé, ils savent que le juif n'est pas foncièrement et génétiquement mauvais, ils savent que les chrétiens envers qui ils ont mené de belles batailles au temps des croisades ne sont pas obligatoirement négatifs et qu'il y a aussi de bonnes choses chez eux, comme ils savent que la planète n'est pas plate, qu'elle est petite et non pas infinie.

Ils sont également conscients que le paradis ne se mérite pas à la force du sabre et savent pertinemment faire la distinction entre, d'une part, aller au paradis pour ses mérites propres, et aller au paradis pour avoir fait « la guerre sainte » dans le dessein d'imposer un nouveau calife, en ne servant que le prestige d'un seul individu.

Les musulmans ont donc acquis des réflexes de discrimination entre le Bien et le Mal. Ils se sont davantage humanisés et ne sont plus des soldats belliqueux, programmés pour la guerre sainte, prêts à tuer celui qu'on leur désigne comme le tyran et tous les mécréants, c'est-à-dire tous les non-musulmans.

Aujourd'hui, dans les pays musulmans, nous voyons des chrétiens qui vont à l'église et sont plus fidèles à leur Dieu et à leur foi que les musulmans eux-mêmes.

Autrement dit, il s'est opéré une évolution d'espèce, au niveau qualitatif, chez l'ensemble des musulmans, parmi les non-pensants comme les mal-pensants, ce qui leur permet, maintenant de, globalement, distinguer le bon grain de l'ivraie, la Bienveillance de la Malveillance.

Les musulmans sont-ils vraiment conscients que les agissements de Ben Laden n'ont pour objectif que l'accès au pouvoir d'une seule personne ?

Au premier degré, ils ne sont pas conscients de cela. Au premier degré, la seule chose qu'ils retiennent est que Ben Laden est là pour secouer l'Occident, pour donner un coup de pied à la fourmilière, ce qui, durant quelques secondes, leur permet d'exister. Mais d'exister seulement dans le fantasme, parce que tout cela reste illusoire, ces gens de la rue n'ont évidemment jamais rencontré Ben Laden, et ne le rencontreront sans doute jamais, même s'il devenait calife.

Au premier degré, ce phénomène leur permet donc de redresser le front (comme ce fut le cas avec Sadam Hussein, au moment de la guerre du Golfe ; au début, les Arabes étaient très fiers de cette démonstration de force, seulement, nous connaissons la suite...), mais ils ne sont pas conscients de ses réelles implications : ils ne sont pas conscients du *second degré*.

À propos du problème que pose, de plus en plus, le mutisme des imams, pensez-vous que si, dans les mois ou les années à venir, le

terrorisme continue de se répandre, les imams, installés en Occident comme en Orient, se décideront enfin à prendre clairement position contre le terrorisme ?

Je le pense. À mon avis, ils ont d'ailleurs toujours pris position contre le terrorisme, mais très discrètement. Il y a deux types d'imams, ceux qui sont médiatiques et ceux qui ne le sont pas. Tous les imams médiatisés qui, depuis le 11 septembre 2001, ont parlé au nom de l'islam ont toujours, à l'unanimité, pris position contre le terrorisme, mais principalement en Occident car, dans les pays concernés, cela dépend du régime politique en vigueur.

La seconde catégorie d'imams est malheureusement beaucoup plus ambiguë. Pour elle, Ben Laden est l'antithèse (et l'antidote) parfaite de l'orgueil et du mépris que peut – à certains égards – représenter l'empire américain. Il est la voix du pauvre et du démuni, face à la puissante logistique américaine. À ce titre, ils sont, en effet, prêts à accepter tous ses méfaits. D'ailleurs, parmi les multiples questions, celle qui vient en premier est : « Êtes-vous sûr que c'est bien Ben Laden qui a commandité les attentats ? »

Terrible question à laquelle il nous est malheureusement difficile de répondre, compte tenu des atermoiements américains.

Et que disent les imams d'Algérie ?

Le pouvoir algérien actuel étant contre le terrorisme et l'exprimant clairement, les imams peuvent donc dire qu'ils sont également contre le terrorisme. Mais, à une certaine époque, il existait des mosquées, en quelque sorte *indépendantes*, qui n'étaient pas sous la houlette du pouvoir mais sous celle GIA et du FIS, et les imams disaient alors tout le contraire !

L'équilibre serait ainsi très fragile, et le combat entre les terroristes et les musulmans modérés ne vous semble donc pas gagné ?

Non, ce n'est pas gagné... Au point que je crains même que ce ne soit la thèse fondamentaliste qui prenne le pas sur la thèse pacifiste, en s'appuyant sur deux faits majeurs. Premièrement, un peu partout dans le monde, et surtout dans les pays arabes, les musulmans commencent à prendre de plus en plus conscience qu'une renaissance musulmane est en train de s'instaurer. Et, deuxièmement, la démographie grandissante accrédite cette pensée. Rappelons, encore une fois, que l'islam est la seconde religion monothéiste théocentrée dans le monde après le christianisme, avec un milliard deux cents millions de croyants. Par conséquent, dans cinquante ans, ils seront à égalité en nombre avec les chrétiens puisque le volume de chrétiens décline à cause de la baisse démographique et du recul de la foi, alors que les musulmans, eux, progressent dans ces deux domaines. La balance penche donc plutôt à l'avantage de l'islam, et les musulmans le savent.

De plus, ils sont convaincus que l'Occident est en bout de course, que la décadence se répand. Pour eux, la décadence est principalement symbolisée par le rôle de la femme en Occident ; quand ils voient les femmes occidentales étalées sur les murs du métro, ils pensent que la chute est toute proche. Mais ils constatent aussi la décadence dans laquelle glissent les États-Unis, à cause de cette cécité des Américains qui ne voient l'intérêt de toute la planète que par rapport à eux-mêmes. Et, d'une certaine façon, cela ressemble effectivement à la fin d'un cycle... Quand on analyse leur course folle pour être les plus puissants, sans prendre en considération l'intérêt de la planète, la souiller, la polluer, jusqu'à se détruire eux-mêmes à terme, et continuer à ne regarder la situation que par un bout de la lorgnette, celui où miroite le pétrole, il est clair qu'on ne peut que penser à la décadence.

Cependant, j'estime que ce jugement reste artificiel car l'Occident est très dynamique. Il est en pleine santé et ne cesse d'imaginer de nouvelles formes d'évolution possible.

Le problème réel vient de ce que la foi baisse en Occident, quand les musulmans, eux, analysent tout à l'aune de cette même foi !

Et, si nous n'y prenons pas garde, la thèse fondamentaliste prendra très certainement le dessus. Évidemment, des penseurs et écrivains essaient, comme moi, de se faire entendre, mais nous ne sommes entendus que par une élite, une infime minorité. Actuellement, il y a une telle pesanteur sociologique que tout ce que nous pouvons dire risque d'être noyé.

Il faudrait rapidement pouvoir mobiliser un maximum d'êtres de conscience, en leur disant : « En vous érigeant contre le fondamentalisme extrémiste, vous n'êtes pas contre la foi, vous êtes tout simplement contre la bêtise humaine, contre cette ignominie qui consiste à faire la guerre à des peuples qui ne vous ont rien fait. »

En ce qui me concerne, je dis et je répète qu'une religion qui me pousse à tuer n'est pas une religion qui m'inspire.

Un tel commandement doit être le point de non-retour, celui que l'on ne doit pas franchir. Les jeunes des banlieues qui ne sont pas encore complètement happés par la violence sont d'ailleurs contents d'entendre cela. En revanche, ceux qui sont déjà au service de la violence sont perdus – ce sont des victimes.

Peuvent-ils vraiment entendre aussi facilement ce genre de paroles ?

Certains ne le peuvent pas, mais d'autres en sont encore capables : ceux qui possèdent encore leur libre arbitre, qui peuvent encore choisir, qui peuvent dire : « Non, j'arrête là, je reviens dans mon quartier, je poursuis mes études, je m'entraîne dans mon club sportif et ceux qui veulent m'embrigader, je m'en moque. »

Il est navrant qu'à notre l'époque, en Occident, en France, il puisse exister des stages de formation, organisés et effectués par et dans les mosquées ! Nous ne sommes pas suffisamment informés de cela, alors que de nombreux jeunes partent en *séminaire* d'endoctrinement religieux, à huis clos.

Il semble donc indispensable d'être extrêmement vigilant et aussi de faire appel de manière urgente à un maximum de conscience individuelle ?

En effet, nous sommes peut-être minoritaires en nombre, mais néanmoins puissants. Par exemple, lorsque je m'exprime à la télévision, il peut y avoir 5 millions d'individus qui m'écoutent. Sans compter les 30 ou 40 millions de Maghrébins et Arabes, car beaucoup d'émissions sont diffusées dans le monde entier, ce qui signifie que des personnes comme moi (j'aimerais d'ailleurs qu'il y en ait le plus possible), et d'autres, ont une influence certaine.

Néanmoins, pour être réellement efficaces, nous devons, certes, être nombreux, mais surtout suivis par les médias et les autorités. Pour une efficience optimale, nous avons besoin d'une crédibilité auprès de l'État dans lequel nous vivons, en l'occurrence, la France, mais également dans les États arabes et musulmans.

La volonté politique existe, malheureusement, en ce qui concerne les actes, c'est une autre histoire...

Pour l'instant, notre travail se borne à essayer de faire prendre conscience du danger, car les jeunes se sentent abandonnés, livrés à eux-mêmes, ils n'obtiennent pas de solutions à leurs problèmes. Certes, on nous demande (à moi et à d'autres) de leur dire que l'extrémisme n'est pas la bonne voie, mais on ne nous en donne pas les moyens.

Comment lutter contre l'intégrisme islamiste si, d'un côté, on ne dispose de rien quand, de l'autre, les dollars (les pétro-dollars ?) coulent à flots – sans jouer sur les mots ! ?

Chapitre 8

DÉSIR DE LIBERTÉ CONTRE BESOIN DE DÉPENDANCE

Illusions des Occidentaux et certitudes des musulmans

« Nul n'est plus esclave que celui qui se croit libre sans l'être. »

GOETHE (1749-1832)

Dans une de ses lettres, Stefan Zweig écrivait : **« Ceux qui veulent transformer le monde sont ceux qui ne sont pas contents de leur propre personnalité, et qui jettent leur mécontentement d'eux-mêmes sur le monde entier. »** ***Que pensez-vous de la position de Stefan Zweig ? Selon vous, peut-on appliquer cette affirmation aux fondamentalistes musulmans comme aux jeunes qui, mécontents de leur vie, se laissent embrigader par eux ?***

Cette parole me renvoie avant tout à l'idée que l'être humain est composé à la fois de singularité et de pluralité. La frustration est souvent, au plan psychique, le meilleur concentré de ce que les religions ont appelé le « bouc émissaire ». En effet, dès qu'une personne ressent de la frustration, elle a tendance à la projeter vers les autres afin que ce soient eux qui se sentent alors frustrés et mal dans leur peau. Ce n'est qu'un jeu de miroir trompeur.

L'être humain ne peut se sentir malheureux sans que le malheur touche également les autres. D'une certaine manière, il est tellement infatué de lui-même, tellement narcissique, nombriliste, que la moindre douleur qui le touche dans sa singularité doit, en même temps, affecter l'ensemble de la planète ; ce qui laisse supposer que, sur le plan psychologique, il existe peut-être un phénomène de « mécanique des fluides », par lequel s'écoulerait un peu de la détresse individuelle.

Cela dit, il existe assurément une insatisfaction profonde de la situation réelle chez les jeunes et les chefs (négatifs), comme Ben Laden ou autres. Ces *chefs* vivent, en permanence, dans une sorte d'utopie du monde à venir, mais jamais dans le monde présent, et cette utopie du monde à venir les pousse à « sortir de leurs gonds », à dire non au reste du monde. Chez eux, l'insatisfaction se traduit par la violence, une violence calculée, cynique. Ils sont extrêmement rigoureux dans la perversité de leur manipulation. Ils nourrissent une idéologie de la mort qui est devenue la raison de leur vie. Leur objectif est de pouvoir disposer d'une armée puissante afin de redresser les torts sur la planète entière.

Or, par définition, il s'agit d'un fonctionnement infantile et narcissique. Ils considèrent qu'ils sont les seuls à ne pas être impurs, à ne pas être donneurs de leçons – bref, ils n'ont aucun tort, ce qui est la caractéristique du prédicateur. Tout prédicateur part du principe qu'il est seul à détenir la vérité, la bonne parole, et que, grâce à lui, va se mettre en place le monde à venir, le monde nouveau. Nous retrouvons cette attitude de prédicateur chez Ben Laden comme nous la constations chez d'autres leaders fondamentalistes. Mais ces derniers ont été écartés de la mise en scène planétaire par Ben

Laden qui a, d'une certaine façon, « occupé le terrain » ; certes, fantasmatiquement, mais aussi concrètement, grâce à sa fortune et sans doute parce qu'il est plus radical.

Aujourd'hui, nous sommes donc confrontés à un dilemme car, ainsi que nous le disions, l'islam n'ayant aucun clergé représentatif, il laisse la place libre à n'importe quel prétendant, même le plus fou. Ce poste vacant est une tentation, un appel d'air irrésistible, pour l'ensemble des meneurs en puissance, qui recherchent le pouvoir absolu et, de ce point de vue, la phrase de Stefan Zweig peut, en effet, être comprise comme l'accomplissement collectif d'une fêlure individuelle qui pousse à chercher un passage entre la rupture de soi et la complétude que l'on recherche à travers une prise de pouvoir sur la planète entière. Pourtant, comme l'islam en lui-même est extrêmement ritualiste et prend en charge l'individu du berceau à la tombe, il n'offre pas la moindre faille à des meneurs de ce genre, charismatiques ou illuminés, qui remettent en question la norme et son contenu. Car une telle intention ne peut venir que d'illuminés qui croient vivre plus de deux siècles dans le passé, alors qu'ils vivent au IIIe millénaire, dans un monde hyper-matérialiste qui possède une autorité mondiale, une police internationale, des flux financiers qui déterminent le cours des matières premières, etc., au XXIe siècle, un siècle qui est loin d'être anarchique, même s'il est, je le conçois, parfaitement inégalitaire.

Quelle est la frustration principale qui pousse les jeunes à se laisser endoctriner ?

Il y a deux sortes de jeunes musulmans, ceux qui vivent en Occident, et ceux qui vivent en Orient.

L'insatisfaction des jeunes qui vivent en Occident est plus complexe et plus confuse. Par exemple, on ignore quelles sont leurs réelles motivations pour aller en Afghanistan, alors que, dans certains cas, ce sont des jeunes bien insérés socialement. Leur insatisfaction est donc différente de celles des jeunes qui vivent en Orient ; plus incisive, elle leur rappelle l'enfermement dans lequel ils se trouvent. Et, bien sûr, ils attribuent cette responsabilité à l'Occident qui serait coupable d'avoir tué dans l'œuf l'ensemble du développement humain de la jeunesse musulmane et arabe, la jeunesse des pays du tiers-monde.

Pour eux, l'insatisfaction première est, à mon avis, issue de ce sentiment d'exclusion du partage du monde et de ses richesses. Il peut aussi y avoir une seconde insatisfaction, peut-être égale à la première mais beaucoup plus masquée : l'insatisfaction par rapport à l'autonomie de soi.

D'une certaine façon, ces jeunes musulmans ont l'intuition qu'ils ne peuvent pas faire ce que font beaucoup d'autres jeunes. Non pas sur le plan matériel forcément. Prenons un exemple : si un jeune a envie de s'extraire de son milieu familial et (ou) social pour aller vivre dans une ville voisine, un pays voisin, cela lui est impossible car, en Orient, étant totalement pris en charge par la communauté, il n'a aucune autorité, aucune volonté personnelle. Dès lors, comme il n'est responsable (dans le sens positif) de rien, qu'aucune décision personnelle ne lui est possible, il reste là où il est et n'entreprend pas grand-chose.

Le contraste avec un jeune Occidental est important, puisque, dès ses dix-huit ans, s'il le désire, le jeune Occidental peut quitter ses parents, se marier avec sa bien-aimée, fonder un foyer, changer de pays ou se déplacer dans son propre pays, changer de métier, revenir à ses études, choisir un sport, etc. La liberté qu'il possède rend donc jaloux le jeune Oriental qui veut alors se « venger » de son absence personnelle d'autonomie, de liberté, de son absence d'être, de son absence à lui-même. Sa réaction accusatrice envers les jeunes Occidentaux a ainsi pour objectif inconscient de se donner une autorité, d'exister à ses propres yeux – toujours, bien sûr, au nom de l'islam...

Cela va même plus loin qu'une simple absence de choix, dans la mesure où cette situation le rend absent à lui-même. Il nourrit alors une sorte de pensée d'évidement nihiliste qui l'assèche de lui-même, et contre laquelle il lutte. Malheureusement, non seulement il se bat avec de mauvaises armes, mais, en plus, contre les mauvais adversaires, car les jeunes Occidentaux ne sont absolument pas la source de ses frustrations. En réalité, ces jeunes Orientaux ne sont pas autonomes dans leurs pensées, et ne choisissent pas car ils sont idéologisés, ils vivent sous l'influence d'un prédicateur.

Il existe encore un autre cas de figure, plus compliqué, qui concerne les jeunes musulmans nés en Occident ; eux fantasment tellement l'Orient et ses *leaders* charismatiques comme Ben Laden qu'ils finissent par y aller : ils sont alors, eux aussi, privés de leur libre arbitre et seront même plus royalistes que le roi.

Ensuite, plus obscur encore, il s'agit cette fois de l'élite de la jeunesse orientale (ingénieurs, médecins, avocats) qui, vivant en Occident depuis longtemps déjà, se trouve néanmoins enrôlée dans une idéologie réactionnaire, celle des fondamentalistes musulmans d'Afghanistan, du Soudan ou d'Arabie Saoudite. Une infime partie de cette élite devient, malheureusement, l'aiguillon d'idées dévastatrices et sanglantes. Ce dernier exemple est le plus surprenant, voire incompréhensible.

Pourtant, dans ce dernier cas, ils possèdent une certaine forme de liberté et d'autonomie ?

Ils vivent en effet dans une liberté de choix, une liberté de comparer, une liberté de réfléchir, ils sont instruits, assez riches, mais en l'occurrence, ils prennent la liberté... de contester l'Occident ! Ce nœud psychologique est si complexe qu'il doit être analysé à part.

Puis, évidemment, au-delà des différentes motivations des jeunes, nous trouvons les prédicateurs qui, eux, tirent un bénéfice immédiat de tout cela et rentabilisent au mieux les frustrations des uns et les errements des autres, leur finalité n'étant ni la religion ni la défense de l'islam, mais le pouvoir, parfois l'argent, tout simplement.

À propos de liberté, le philosophe Marc Neuberg donne, dans* Les Notions philosophiques – dictionnaire[1]*, une définition de la liberté :* « La liberté de la personne se définit par la façon dont la personne est présente sur le mode de l'action et de l'émotion à autrui et au monde. » *Si, sur le mode de l'action face au monde et à autrui, les musulmans paraissent très entravés, en est-il de même sur le mode de l'émotion ?

Cette définition me semble juste en tant que telle, mais en ce qui concerne l'islam elle n'est pas applicable. Les musulmans sont sans doute tout aussi entravés sur le mode de l'émotion que sur celui de l'action. La raison en est simple : on ne peut pas trouver chez un être humain, quel qu'il soit, musulman ou non, une entrave ou une inhibition *partielle*. L'inhibition ne peut se mettre en place que si la personnalité de l'individu en question y prête le flanc. Vous ne pouvez pas être, à la fois, entravé dans l'action et dans le rapport à l'autre, et libre dans l'émotion. Cela signifierait que l'émotion est à tiroirs multiples et que seuls les tiroirs de l'émotion pure interagissent avec la personne, ce qui est impossible.

---

1. *Les Notions philosophiques – dictionnaire* – Tome.1, p. 1471 – Éditions PUF.

Voilà pourquoi le potentiel de liberté du musulman est sans aucun doute entravé dans son ensemble, émotion comprise.

Il est vrai qu'à l'intérieur de l'islam certaines émotions sont plus favorisées que d'autres, mais à l'intérieur seulement. Globalement, l'islam fonctionne de manière très holistique, c'est-à-dire qu'il prend en charge l'individu de A à Z et qu'il répond aux questions qu'il n'a même pas encore formulées. D'où le danger. En fait, chaque musulman est conditionné pour ne poser que des questions dont les réponses sont déjà prêtes. De là vient la difficulté de l'autonomie du sujet, de la liberté individuelle, du libre arbitre, de la responsabilité...

L'islam englobe tout : le réel *et* l'abstrait, le présent *et* le futur, le conscient *et* l'inconscient, l'individu *et* le collectif. Il n'existe pas une seule facette de la vie d'un être humain qui ne soit connotée, touchée et interpellée par l'islam. L'islam a réponse à tout. Si c'était un système politique, ce serait du fascisme ; si c'était une doctrine, elle serait totalitaire. Seulement, l'islam vous dit : « Je ne vous impose rien. C'est par votre liberté personnelle que vous allez investir le champ que je vous propose : celui de la foi. »

D'ailleurs, de nombreux Textes prônent la liberté individuelle, en disant que le musulman est libre de choisir l'islam, qu'il n'a aucune contrainte. Cela est absolument vrai puisque, au quotidien, personne ne vient vérifier si vous avez été bon musulman ou non. Par exemple, le système de la « bonne action » (la B.A.) n'existe pas dans l'islam, pas plus qu'il n'y a de confessionnaux. C'est globalement que le musulman va être évalué, et parfois rendre des comptes.

Le confessionnal n'existe peut-être pas, mais, actuellement, il semble parfaitement bien remplacé par les multiples contraintes et une totale absence de liberté dans les actes, comme vous nous le disiez précédemment.

Oui, indéniablement. Mais il ne faut pas oublier que le dispositif social est une sorte d'immense confessionnal. Dès l'instant où l'individu sort dans la rue, il est devant son confesseur ! Ce qui serait inimaginable en Occident. Quand on analyse les choses froidement, nous comprenons qu'en effet, la totalité de l'espace musulman est l'équivalent d'un confessionnal.

Est-ce seulement inimaginable ici, en France, en Europe, ou bien est-ce également inimaginable pour n'importe quel individu, dans le monde, au troisième millénaire ?

J'aimerais que ce soit inimaginable pour tout individu sur cette planète. Le piège, c'est que l'islam a réussi à faire croire – je ne dénigre pas, je décris – que, dans l'espace musulman, la liberté individuelle est totale, à condition que l'on fasse la prière, que l'on respecte le ramadan, que l'on observe les rituels et les obligations d'une manière complète.

Cela ne ressemble-t-il pas à de la manipulation ?

Les musulmans disent : « Nous, nous n'existons pas pour nous-mêmes, nous n'existons que pour Dieu. Notre existence, elle, est facultative. »

À quoi bon avoir une liberté dite *individuelle*, comme c'est le cas en Occident, si la vie même des êtres est entre les mains de Dieu ? À quoi sert-il de posséder cette minuscule liberté, puisque la religion nous en offre une bien plus vaste ? »

En clair, les musulmans renversent le propos afin de prouver que l'islam n'est jamais inhibiteur ou castrateur, bien au contraire. Et si nous adhérons à la logique de l'islam, il est facile de s'inscrire dans cette « vraie fausse » liberté.

Le musulman d'aujourd'hui, comme ce fut également le

cas, dans une large proportion, du musulman d'hier, n'accepte la pluralité des idées que dans la mesure où elle renforce l'architecture existante de la *doxa*. Il n'est d'ailleurs pas anodin qu'aucune distinction réelle ne soit faite entre le sceptique, l'agnostique, l'athée et le libre penseur. Tous sont considérés, à tort ou à raison, comme des hérétiques qui mettent en doute la trilogie fondatrice de l'islam : Dieu, Mohammed, Le Coran. Tous sont vus comme un danger imminent et mortel pour l'ensemble de la Communauté. À maints égards, celui qui s'intéresse de trop près à la promotion de l'homme – l'homme pour lui-même –, défini en Occident comme un *humaniste*, peut également faire partie de cet univers imprécis et suspecté pour les mêmes raisons, car il charrie une forme tenace d'incroyance, de dérision goguenarde et un questionnement trop proche du désir pour être totalement inoffensif.

Comment les musulmans installés en Occident peuvent, à la fois, vivre au rythme occidental, basé sur l'indépendance de l'individu (une des ramures de la liberté, et du libre arbitre), et demeurer en même temps fidèle à la religion islamique qui, elle, ne conçoit pas la liberté individuelle ?

Ils ne le peuvent pas. C'est une contradiction logique ; face à cela, deux attitudes coexistent. Dès l'instant où l'individu musulman commence à vivre en Occident, soit il accepte le volume de valeurs et l'éthique occidentales, négocie avec elles, se met en phase et en harmonie avec elles, soit il vit le dos tourné à cet Occident qu'il considère comme impur dans sa totalité.

Dans le premier cas, les musulmans qui vivent en Occident estiment souvent que vivre avec autrui fait partie du volume de conduites et de valeurs qu'ils doivent accepter et honorer, et réservent alors la religion à l'intimité, c'est-à-dire lorsqu'ils sont chez eux. Ils acceptent ainsi la dualité.

Dans la mesure où la religion musulmane est minoritaire, dans un pays majoritairement chrétien, elle devient une religion de l'intérieur, bien qu'elle soit, partout en Orient, une religion de l'extérieur.

Le musulman doit donc opérer un travail de *décrochage* par rapport à sa vision orientale du monde, et ne sera intégré que lorsqu'il aura franchi un certain nombre d'étapes dans cette distanciation par rapport au fait que la religion a réponse à tout. L'Occident, lui, est fondé sur la citoyenneté, la république, un mode de vie et une culture spécifiques (avec notamment une prééminence de l'individu), qui sont autant de références et de positionnements dont les valeurs sont égales à celles de l'Orient.

Dans le second cas – celui des musulmans pieux –, il y a un net refus d'entendre ce que leur propose l'Occident. La présence en Occident de ces musulmans enfermés sur eux-mêmes est uniquement factuelle, presque accidentelle. Ils ne prennent de la civilisation occidentale que les avantages matériels et en refusent l'éthique dans son ensemble, prétextant qu'elle est mauvaise. À mon sens, ceux-là sont inadaptés et n'ont qu'une présence topographique, sans existence sociale, politique ou spirituelle ; en clair, ils ne partagent rien avec la communauté nationale. De cette manière, il est vrai qu'ils peuvent vivre au Canada, aux États-Unis comme en Europe, ce sera à peu près la même chose. L'ennui est qu'ils créent (involontairement) des difficultés aux autres musulmans car, d'une certaine façon, leur comportement isole ces derniers de la société occidentale.

L'attitude de ces musulmans, enfermés sur eux-mêmes, prouve qu'une fraction des musulmans refuse toujours de transiger et considère que l'islamisation du monde est encore possible, y compris celle de terres fondamentalement et radicalement chrétiennes

La réalité est qu'ils ont refusé d'accomplir la conversion indispensable pour passer d'une culture monolithique, hermétique et holistique, à une culture de la diversité et, par conséquent, de la responsabilité individuelle, du choix. Ils considèrent que l'islam peut être vécu, en tout temps et en tout lieu, dans son aridité et dans ses extrêmes. Un exemple (certes, trivial, mais éloquent) : ils s'habillent toujours comme des Arabes du VIIe siècle, alors que nous vivons au XXIe siècle et que, de plus, étant donné le climat européen (il fait froid...) les vêtements chauds sont indispensables !

Cette volonté de rester fidèle à la religion islamique, tout en essayant de vivre et de s'adapter à un pays occidental basé sur des normes différentes des leurs, n'engendre-t-elle pas, elle aussi, des insatisfactions et des frustrations qui, finalement, peuvent entraîner les musulmans vers le désir de transformer le monde dans lequel ils vivent, plutôt que de s'ajuster à lui, et ainsi dériver vers la violence ?

Vous avez sans doute raison. Il faut néanmoins préciser l'existence d'une sous-catégorie qui doit être distinguée des musulmans piétistes que nous venons d'évoquer. Ces derniers, qui sont la majorité, veulent donc comme nous l'avons précisé, vivre leur islam personnel (selon, d'ailleurs, ce qu'ils ont compris de la laïcité et de la loi de 1905). Néanmoins, cela ne signifie pas qu'ils soient formellement contre tout autre religion. Certes, ils ne veulent pas transiger sur leurs valeurs propres, cependant, ils travaillent, font le ramadan, vont discrètement à la prière, et même s'ils s'habillent bizarrement, ils ne font de mal à personne, ils vivent seulement leur religion.

En revanche, à l'intérieur de cette fraction musulmane piétiste, se trouve un mouvement beaucoup plus radical, plus intransigeant, composé de jeunes qui, eux, sont totalement intégristes. Ces jeunes veulent détruire le cadre occidental pour lui substituer leur cadre personnel. Ils estiment que l'Occident est impur dans son intégralité, c'est-à-dire à tous les niveaux. Ils prétendent qu'ils sont nés en Occident sans l'avoir choisi, mais que, de toutes les façons, qu'ils soient Français, Belges, ou Anglais, cela ne signifie rien pour eux, qu'ils sont avant tout musulmans et veulent vivre selon les préceptes du Prophète. Or, ils oublient que, par exemple, au VIIe siècle, une personne est venue voir le Prophète pour lui demander si une mère pouvait laisser pleurer son enfant en bas âge, au profit de la prière. Le Prophète répondit : « Cette femme-là ira en enfer, parce qu'elle n'a pas satisfait aux exigences fondamentales de l'être humain, d'être secourable. »

Le Prophète lui-même a donc donné la direction à suivre : la piété, c'est bien, à condition d'avoir auparavant satisfait aux exigences de responsabilité. Pourtant ces extrémistes vivent comme en *lévitation.* Ils nient et renient tellement le réel et la réalité dans laquelle nous vivons que nous avons l'impression qu'ils ne sont pas de ce monde, qu'ils sont déjà des fantômes. Dans ces conditions, à quoi sert-il d'être en vie ? Autant aller directement s'écraser contre un mur pour vivre, enfin, exclusivement avec Dieu ! Sauf que, en islam, le suicide est interdit...

***Précédemment, nous avons évoqué la définition de la liberté du philosophe contemporain Marc Neuberg. Bien plus tôt dans l'Histoire, Épictète, philosophe stoïcien grec, donnait dans ses* Entretiens (IV,I,I.) *sa propre définition de la liberté de l'être humain :* « Est libre celui qui vit comme il le veut, qu'on ne peut ni contraindre ni empêcher ni forcer, dont les volontés sont sans obstacle, dont les désirs atteignent leur but et dont les aversions ne rencontrent pas d'objet détesté. »**

Ce regard ne vous semble-t-il pas frôler l'idéalisme ?

De toute évidence, cette définition de la liberté est totalement idéaliste ; elle n'est pas de ce monde. Celui qui peut vivre ainsi ne peut être que Néron, ou un faucheur de têtes, un dictateur sans foi ni loi qui transforme ses désirs en réalités et dont chaque souffle devient un ordre.

Ou encore, cela ne peut exister que pour certaines élites extrêmement isolées regroupant la plupart du temps des philosophes, des penseurs, des gens fortunés qui n'ont pas à se soucier d'autrui.

Pour opposer ma définition à celle d'Épictète, selon moi la liberté est avant tout une question de responsabilité. Je ne peux comprendre que quelqu'un puisse être libre sans être, en premier lieu, responsable. Ou alors ce n'est qu'un anarchiste, et il en existe...

En réalité, la définition de la liberté selon Épictète n'est-elle pas plutôt celle de l'indépendance ?

Absolument. Épictète parle sans aucun doute d'indépendance, d'autonomie, d'affranchissement. Sinon, il s'agirait d'une vision trop idéaliste de la liberté, qui ne tiendrait compte d'aucun élément de la vie réelle.

Ne croyez-vous pas que cette définition d'Épictète, fréquemment citée en dehors des conditions précises dans lesquelles il l'écrivit (à l'époque d'Épictète existait l'esclavage, et lui-même ayant été esclave puis affranchi, sa définition de la liberté fut sans doute influencée par les pratiques de sa propre société), peut justement nous faire prendre conscience du danger qu'il y a à extraire de leur contexte initial les paroles d'un philosophe, comme celles d'un prophète ou encore de toute personne ayant eu une influence sur

son époque, et de vouloir les adapter à notre monde actuel ? Et il semble que les fondamentalistes extrémistes musulmans commettent justement l'erreur de vouloir imposer un concept de vie datant du VIIe siècle alors que nous vivons au XXIe siècle. Pourquoi un tel désir anachronique ?

En effet, certains musulmans ne veulent pas quitter le VIIe siècle (et cherchent à l'imposer à tous) un siècle qui, en quelque sorte, devient celui de l'enfance ; ce serait un peu comme un enfant qui ne veut pas quitter sa mère.

Pour eux, le VIIe siècle a réponse à tout. Le VIIe siècle est celui de la naissance de l'islam ; à cette époque, l'islam se forge une identité, se donne des institutions, a un prophète, une armée conquérante. L'islam de cette époque semble résoudre tous les problèmes.

Dès lors, pour les musulmans, narcissiquement, idéalement, l'islam du VIIe siècle est irréprochable. Ils font une fixation sur ce siècle, ne veulent pas en changer, et, quatorze siècles plus tard, reviennent aux préceptes initiaux.

En revanche, d'autres musulmans considèrent l'islam comme un fait historique. L'islam ne s'est instauré qu'au VIIe siècle mais, un siècle après sa naissance, certains souverains connurent les pires déboires, uniquement parce qu'ils étaient contestés par d'autres, des rivaux qui n'étaient pas moins croyants qu'eux. Ces musulmans-là comprennent donc que l'islam lui-même peut être lu à travers une histoire, être un fait d'histoire et, en tant que tel, subir l'épreuve du temps. Car, évidemment, le temps fait partie de l'histoire de l'islam, alors que certains ne voient dans l'islam qu'une formule répondant à toutes les questions, aussi absurdes soient-elles. Comment peut-on croire que l'on peut trouver dans le monde du VIIe siècle les réponses aux questions qui se posent au XXIe ? !

C'est aberrant. Mais, pour eux, c'est normal puisqu'ils partent du principe que l'islam a tout prévu, que le Coran est une parole éternelle sur laquelle aucun doute n'est permis.

Face à ces musulmans, il n'y a, bien sûr, aucune objection à opposer ; leur comportement est véritablement obsolète.

Heureusement, il existe d'autres musulmans qui, eux, intègrent la marche du temps dans l'islam. Ils estiment que, dans la mesure où le temps n'est pas fini, il faut s'adapter à son mouvement. Et ce sont ces musulmans qui vont enfin remettre en question les notions de liberté, de libre arbitre, et vont les soumettre à la réflexion.

Pour les musulmans qui prennent en compte la possibilité de libre arbitre, de libre choix et donc d'indépendance, cette notion d'indépendance revêt-elle le même caractère et les mêmes expressions que pour les Occidentaux ?

Pas à tous les niveaux. Par exemple, dans l'islam, l'indépendance pour un créateur d'art est limitée à l'enrichissement de son art propre, que ce soit la calligraphie, l'architecture, la reliure ou l'enluminure. Mais, en aucun cas, il ne pourra devenir portraitiste s'il le désire, puisque l'islam refuse toute forme de portraits. D'ailleurs, le Prophète n'a pas de visage, et personne ne peut donner un visage au Prophète, sans mettre sa vie en jeu.

Dès lors, quand la pure liberté créative n'existe pas, il n'existe pas de liberté du tout, sauf si nous appelons liberté, une liberté conditionnée dans un seul sens, celui de la vénération du divin et de la perpétuation de la tradition.

Autrement dit, le concept d'indépendance intellectuelle n'existe pas en islam et pour les musulmans. Nous ne faisons pas nos choix en toute indépendance, nous ne faisons que des choix préalablement inscrits dans le cadre qui nous a été désigné.

En islam, pour les fondamentalistes, toute innovation est perversion (*bid'a*). Ils considèrent que tout a déjà été dit, et que la seule liberté permise est d'enrichir ce qui a déjà été dit, ou fait, par exemple d'ajouter une calligraphie supplémentaire à une millionième calligraphie du nom d'Allah ou du Prophète.

Un autre exemple : il est absolument interdit de créer des statues, car seul Dieu est en mesure de créer des statues, des êtres humains, des *statues* mouvantes.

Rappelons-nous les Bouddhas de Bâmyân dans l'Afghanistan des Talibans...

Il est donc inimaginable, au moins dans l'absolu, qu'un chercheur musulman puisse, comme un chercheur japonais, créer un robot qui détecte le son de notre voix et parle, un robot doué d'une intelligence artificielle.

La plupart des Occidentaux, eux, se pensent réellement indépendants donc libres. Lorsque nous savons que **« l'indépendance exige que le sujet se détache des valeurs dont la réalisation dépend d'autrui »*****, n'avez-vous pas le sentiment que, si l'indépendance est en contradiction avec la foi musulmane, elle l'est également avec l'assujettissement des Occidentaux aux biens de consommation ?***

Vous avez raison, d'une certaine façon, il n'y a pas plus d'indépendance (au sens total du terme) en Occident qu'en Orient.

Pour le percevoir il suffit, en effet, de considérer que le matérialisme est une sorte de religion, avec ses rituels et ses obligations. Face aux contraintes que peut poser la religion de l'islam, nous pouvons mettre en miroir les contraintes que pose l'exigence de la consommation en Occident. Dans les deux cas, il est clair que l'indépendance enregistre un fort recul.

En réalité, il existe un double mouvement d'indépendance. Par exemple, les musulmans sont collectivement dépendants par rapport à une doctrine immuable, mais à l'intérieur, un individu peut se détacher de la communauté en disant : « Moi, mon indépendance est comme ceci. Elle est plurielle. » Ce comportement signifie que cet individu a trouvé sa pluralité dans une dépendance globale.

En revanche, en Occident (un Occident toujours plus laïc, plus athée, moins lié à la religion), l'individu a sans doute acquis une indépendance collective, mais, individuellement, nous nous demandons s'il est vraiment indépendant.

D'une certaine manière, à la dépendance collective des Orientaux, nous avons substitué la dépendance individuelle des Occidentaux. Par exemple, en matière de vêtements, si l'Occidental ne *consomme* pas les vêtements qu'on lui montre à la télévision et à propos desquels on lui affirme qu'il n'y a aucun doute à avoir : « Nike®, c'est de la qualité, vous ne pouvez pas douter de Nike® ! », il agit de la même façon qu'un musulman qui douterait de ce qu'affirme l'imam ou le leader charismatique.

Autrement dit, l'individu occidental a perdu l'affranchissement qu'il avait gagné en se séparant de la religion comme cadre physique ; il est entré dans une autre religion où il s'agit de se soumettre au diktat de l'argent, notamment à travers la publicité qui lui *dicte* ce qu'il doit porter ou non comme vêtements, à un moment donné, s'il doit manger ou non tel produit, voir tel film, écouter tel disque, etc.

Le diktat de la consommation est une religion constituée, avec ses prophètes, ses prédicateurs, ses circuits financiers, et même ses « mosquées » : les supermarchés. D'ailleurs, il y a souvent plus de *croyants* dans les supermarchés que dans les églises... Supermarchés à l'image des églises d'antan, avec la caisse à la sortie qui remplace la quête à la fin de l'office.

L'Occident s'est affranchi d'un Dieu inaccessible, pour se donner des dieux tout à fait visibles et physiques. Seulement, sur le plan individuel, les Occidentaux fonctionnent exactement au même rythme et au même niveau qu'à l'époque du Moyen Âge, avec le système de la double vérité : une vérité pour l'élite, et une vérité pour la masse. Le clivage entre ces deux vérités – la bonne et la mauvaise, la supérieure et l'inférieure – est donc encore en vigueur en Occident, à la différence près que l'Occidental a, aujourd'hui, l'illusion d'être plus libre et que, le niveau de vie aidant, il peut toujours quitter son enfermement immédiat pour lui substituer une vie de palais, des voyages, des rêves nouveaux.

En fait, l'Oriental comme l'Occidental, sont tous deux aliénés, la seule distinction étant que les musulmans sont privés d'indépendance, consciemment et volontairement, quand les Occidentaux, eux, en manquent aussi, mais inconsciemment et involontairement, puisqu'ils sont manipulés à leur insu et se croient toujours totalement libres.

Exactement. Le musulman n'est pas libre, il le sait, l'accepte et même le professe. Alors que l'Occidental, lui, n'est pas libre non plus, mais il l'ignore et refuse absolument l'idée d'être aliéné – pire, il ne sait même pas que son refus fait partie de la négociation : on lui accorde une part de refus pour mieux l'assujettir dans l'ombre.

D'ailleurs, ce qui choque souvent les Orientaux est le fait qu'en Occident, les êtres humains aient perdu toute conscience critique, qu'ils soient devenus un « réservoir » de consommateurs, qu'ils ne disposent quasiment d'aucune liberté, sauf la liberté de dire « je suis libre » ! Jusqu'à se battre pour cela !

Seulement, par rapport à quoi se disent-ils libres ?

Vous avez raison de préciser que nous ne pouvons être autonomes, ou indépendants, que par rapport à un cadre, à une communauté, à quelqu'un d'autre, et non de manière absolue. En ce qui concerne le cadre de référence, les musulmans vous disent qu'ils n'ont rien à envier à l'Occident, qu'ils ne sont peut-être pas riches, qu'ils ne sont peut-être pas de grands consommateurs car ils n'en ont pas les moyens, mais qu'au moins, ils ne sont dépendants que de Dieu qu'ils vénèrent volontairement et qui est supérieur à toutes les volontés individuelles.

En résumé, les Occidentaux pensent que leur cas de figure est plus démocratique alors que, d'une certaine manière, ils fonctionnent en sectes ou en tribus ; il y a la tribu des laïcs, la secte des croyants, l'association des consommateurs, le club des sportifs, etc. Et, au-dessus de tout cela, existe aussi la secte des riches qui préconise une philosophie de riches, et la secte des pauvres qui vise à être riche. C'est pourquoi les musulmans vous disent qu'ils n'ont pas besoin de tout cela, eux possède une secte unique : la secte de Dieu.

Face à cette illusoire indépendance, les Occidentaux semblent de plus en plus prendre conscience de la valeur de la solidarité et de leur besoin dans ce domaine. Pourtant, l'indépendance et la solidarité sont en totale contradiction, ne serait-ce que sur le plan sémantique donc,* a fortiori, *dans les faits concrets. Comment, en tant qu'exilé oriental, regardez-vous cet affrontement devenu aigu depuis le début du XXIe siècle, entre l'individualisme forcené des Occidentaux et l'indispensable solidarité dont ont besoin tous les êtres humains ?

Je pense que, dans sa grande sagesse, l'Occident a compris que les limites de l'individualisme sont celles de sa propre fin. Et, pour ne pas mourir de sa belle mort, l'Occident a pris conscience qu'il devait tenir compte des principes de solidarité, c'est-à-dire : réinvestir l'école, réinvestir les quartiers, les associations, les organisations non gouvernementales (les ONG), qui sont autant d'étages de solidarités nouvelles, construites sur des bases conscientes et volontaires, devenant le contrepoids de l'individualisme outrancier dans lequel nous mènent l'argent et ses prophètes, lesquels poussent les individus vers une consommation à outrance, quitte à les laisser se détruire par cette même consommation. Ils demeurent complètement indifférents à la survie des personnes ; toutefois, les autres prophètes, ceux de la paix sociale, de la concorde, de l'harmonie, ont compris les conséquences nuisibles de ces prédicateurs mercantiles et tentent de leur résister.

Dans ce domaine, l'Occident est en état de résistance. Il ne s'agit pas exactement d'une conscience aiguë de la solidarité, ce qui est encore pour l'instant le cas de l'Orient, mais néanmoins une sédition.

Les résistants sont ceux qui refusent le primat de l'argent, le primat du matérialisme, et qui se mobilisent pour ne pas être totalement broyés par des forces maléfiques et puissantes dont nous avons constaté l'extension depuis une quinzaine d'années.

Cette « adoration du veau d'or », que l'on constate dans les pays occidentaux industrialisés, a pu se répandre parce qu'il s'agit de pays riches ; l'argent est alors peu à peu devenu un but, et non plus un moyen. Pensez-vous que si les pays musulmans, actuellement plus pauvres, accédaient rapidement à une richesse identique, ils pourraient échapper à cette dérive ?

Je ne pense pas que les musulmans soient plus purs que les autres. Tous les êtres humains, mis dans les mêmes conditions, réagiront de la même manière. Peut-être les musulmans résisteront-ils un peu plus... Au moins une fraction d'entre eux. Ils ne sont pas tous forcément contre l'Occident, ils sont contre le matérialisme, contre le fait que l'Occident soit devenu une marchandise. C'est pourquoi ils résisteront peut-être un peu plus, de même que les bouddhistes, les moines, les plus spirituels des chrétiens d'Occident, etc.

Mais, dans son ensemble, sur le plan anthropologique et sur le long terme, les appétits individuels sont plus forts que la mise en commun, que la mise en harmonie avec l'autre. Pour sa sécurisation, l'être humain se sent mieux quand il est plus riche, et plus fort. Depuis le début de l'humanité, cette implacable tendance est celle du genre humain dans son ensemble, qui cherche à être plus fort, plus rapide, plus riche, plus respecté, plus honoré. Il veut ressembler à Dieu. Chaque être humain, à sa manière, veut être Dieu.

Seulement, cette course en avant est déclinée et maîtrisée différemment dans certaines religions et dans certaines cultures. Pour l'instant, l'islam essaie de résister à cet assujettissement à la matière, au matériel. Mais il est vrai que, notamment en Occident, l'être humain va tout droit vers les lieux où il perdra sa liberté (et il fait tout pour). Lorsque l'on voit comment les individus occidentaux se massent dans ces temples de l'argent où ils vont payer leur « liberté individuelle », nous réalisons qu'il s'agit bien d'une course absurde dont l'objectif est d'être celui qui perdra le plus vite sa liberté...

Cette fuite en avant est la conséquence directe de la funeste tendance de l'être humain à vouloir être assujetti à quelque chose. Très peu de gens acceptent de vivre libres, sans souci, sans voisin, de manière totalement autonome. Les autres, le plus grand nombre, ont besoin d'avoir un cadre strict, des contraintes, de consommer, d'être assujettis, planifiés, programmés, orientés, et pris en charge par des prédicateurs, des prêtres, des chefs de secte ou des hommes politiques.

Le temps viendra où un souffle de liberté fera peut-être vaciller toutes ces conventions.

Comme nous l'avons vu, divers éléments peuvent séparer les Occidentaux des Orientaux, sur le plan des idées. Néanmoins ce qui les éloigne le plus sensiblement, n'est-ce pas que, bien qu'ils aient tous deux, par nature, besoin d'être dépendants – comme chaque être humain –, seuls les orientaux sont conscients d'être dépendants (de Dieu), l'acceptent et le professent, alors que les Occidentaux sont inconscients de leur dépendance (par rapport au système de consommation) et refusent absolument une telle idée alors qu'ils pourraient simplement, les uns et les autres, reconnaître qu'ils ont besoin de réfléchir ensemble pour apprendre à gérer leur liberté ?

C'est tout à fait juste. Ils ont besoin les uns des autres. Et cette nécessité d'être dans une relation grégaire avec d'autres, est, comme nous le savons, un besoin animal. De ce point de vue, c'est donc l'instinct qui nous conduit, qui nous gouverne tous, pour nous inciter à vivre avec les autres. Le problème est que certains l'acceptent et d'autres le refusent.

Notre souci à tous et, à mon avis, la difficulté majeure, est de pouvoir admettre que nous avons absolument besoin de l'autre, que seuls, nous ne pouvons pas vivre et que, par conséquent, nous devons aller vers les autres pour jouir pleinement de l'existence qui nous convient.

Pour les musulmans, cet *Autre* s'appelle Dieu ; décliné de diverses manières, même si certains fanatiques essaient de le privatiser pour en faire un Dieu de rupture et non un Dieu d'échange, un Dieu de rencontre.

En revanche, la plupart des Occidentaux ont tourné le dos à Dieu. Pour eux, Dieu n'est pas l'*Autre* qu'ils recherchent ; l'*Autre* doit être strictement humain, la copie, la duplication de l'homme. Or, le problème est qu'avec une copie de l'humain, nous prenons à la fois le Bien et le Mal, alors qu'avec

Dieu, nous avons l'Ordonnateur du Bien, face au diable qui, lui, est l'ordonnateur du Mal.

Souvent, l'*Autre*, ma copie humaine, ne reflète que ce que je cherche en lui, alors que Dieu me dit en permanence : « Là tu te trompes, là tu pèches, là tu es hors norme, là tu es hors du sacré, etc. » Et l'ultime danger est que cet *Autre*, semblable à moi-même, ne soit complaisant par rapport à ma volonté.

À mon sens il y a donc un travail à accomplir de la part des Orientaux comme des Occidentaux.

Un action doit être entreprise par les Orientaux qui ont choisi Dieu comme point de mire insurpassable, ainsi que par les Occidentaux qui, eux, ont élu leur semblable (et dissemblable en même temps) pour miroir. Ceci les contraint d'ailleurs à prendre à la fois le Bien et le Mal et plus fréquemment le Mal, car l'*Autre,* humain, renvoie plus facilement l'image du Mal, même si, évidemment, il existe tout de même quelques êtres d'exception qui transmettent le Bien.

Autrement dit, chacune des deux parties doit réorienter ses perspectives et considérer qu'il est possible que la perspective du Dieu tout-puissant, omniscient et bénéfique, puisse rencontrer la part positive de *l'Autre*, humain, afin que l'équation du grand « A » et celle du petit « a » se rejoignent et donnent une sorte d'entité intermédiaire qui serait, à la fois, consciente de ses limites et de ses imperfections, et sincèrement joyeuse d'être ce qu'elle est déjà. Car c'est une chance inouïe que nous soyons vivants, que nous nous parlions comme deux êtres humains conscients de l'être (et non que nous soyons des plantes ou des animaux), ce qui nous offre la capacité de réagir, de répondre, de croire en nos facultés.

Il nous faut ainsi, tout simplement, honorer l'être humain, ici et maintenant, considérer qu'il est lui-même une part de Dieu, qu'il y a de la divinité en lui, et qu'il n'est nul besoin d'aller chercher le paradis final, ou de se retirer dans un couvent en plein désert, ou dans tel ou tel lieu saint, église, mosquée, pour Le rencontrer.

Si nous parvenons – tous – à enfin estimer que Dieu est partout, que nous pouvons aussi le rencontrer sous l'aspect d'une femme ou d'un homme, nous entrerons alors dans une culture du respect et de la proximité.

Saint Augustin ! Il faut relire Saint Augustin.

Il s'agit de faire de l'*Autre,* humain, son repas divin, son exaltation, sa grâce, sa beauté intérieure, de considérer qu'il est notre complément nécessaire et qu'il n'est pas antinomique à ce que nous sommes, que ni la couleur ni le sexe ni l'âge ni la fortune, ne sont des freins à cette rencontre avec lui, et que le blesser c'est nous blesser nous-même.

Nous devons comprendre que le genre humain doit se défendre seul, en tant qu'entité, face à d'autres genres, inhumains, par exemple : les tornades, les volcans, etc., et que nous devons nous sacraliser les uns les autres, plutôt que nous combattre et nous détruire mutuellement.

Cette démarche est, d'une part, un appel urgent aux musulmans les plus pieux, pour les inciter à regarder un peu ce qui se passe sur la planète, et non pas exclusivement s'intéresser à l'au-delà. (L'au-delà est évidemment digne d'intérêt, mais en faire une exclusivité est une attitude très égoïste, c'est une manière de ne penser qu'à soi et non à la sauvegarde du monde.) Et, d'autre part, c'est également une sollicitation envers les hyper-matérialistes à considérer que le matériel en lui-même n'a peut-être rien de si sublime, que ce n'est qu'un moyen utile pour nous permettre de parvenir à nos fins ; comme vous le disiez : un *moyen* et non un *but.*

À mon sens, c'est de ce croisement que naîtra une possibilité de dialogue. Car, faute de croisement, l'affrontement est inéluctable.

En fait, pour qu'il existe un réel rapprochement entre les Occidentaux et les musulmans, il leur faudrait mettre en commun leurs certitudes absolues (qui s'opposent radicalement), pour enfin comprendre que telle ou telle certitude ne peut être que provisoire, et que la plus grande richesse que leur apportera un échange mutuel sera de s'ouvrir à la réalité d'une incertitude potentielle qui fait partie de la condition humaine.

Il faudrait, en effet, que les deux blocs qui possèdent des certitudes établies et définitives admettent que ce ne sont que des certitudes *relatives* et que, même s'ils peuvent, chacun de leur côté, s'élever pour eux-mêmes, en revanche, pour vivre ensemble, ils doivent abandonner leurs certitudes personnelles et aller vers un lieu où tout est incertain et où seule l'incertitude devient certitude.

S'élever ensemble, telle est la finalité.

Ce lieu d'incertitude serait alors le lieu de rencontre des peuples ?

Absolument. C'est grâce à l'incertitude que j'ai de l'autre que je vais vers lui, parce que j'espère y trouver la réponse qui me manque. Et inversement, l'autre vient vers moi pour se ressourcer à une eau différente qui lui permettra d'être fécond, donc de s'enrichir. Et cela est possible grâce à un travail d'humilité, car il faut du courage et de l'humilité pour avouer que nous ne sommes plus sûr de rien.

C'est un travail de délestage ; il faut se débarrasser des choses encombrantes, se mettre à nu, se mettre à l'épreuve, à l'épreuve du courage. La nouvelle valeur repose sur la qualité ; une valeur virtuelle, qui n'existe que dans la mesure où nous existerons ensemble.

Peut-on penser que la véritable possibilité de dialogue entre les Orientaux et les Occidentaux ne pourra se réaliser qu'à partir du moment où chaque partie acceptera de laisser l'autre remettre en question ses certitudes, jusqu'à aborder ensemble l'incertitude, l'indéterminé qui, par définition, détient la véritable liberté, et non plus les pseudo-libertés que chacun croit posséder et que, enfin, aura lieu un réel échange ?

En effet, je pense qu'il doit y avoir, de chaque côté, une liberté non décrétée, que la liberté doit être issue de choix personnels, et même de non-choix.

Si la liberté est déterminée à l'avance en fonction des conquêtes que l'on désire absolument, en fonction d'un volume de gains, si dans la liberté demeure cette notion de profit, nous continuerons à fonctionner à la manière du capitalisme archaïque qui associe la valeur à l'argent, et qui soumet l'une à l'autre. Si nous considérons qu'être libre, c'est posséder un privilège par rapport à l'autre (par exemple : être plus fort, lui prendre son pétrole, lui voler sa terre, etc.), si nous pensons que la liberté de l'être humain est une liberté de souveraineté, nous commettons une lourde erreur. Il faut impérativement que la liberté soit comprise comme une valeur qui n'est liée à aucun profit personnel et unilatéral, par exemple : une liberté d'échange, une exaltation commune, un émerveillement réciproque, etc.

Il ne s'agit pas de s'enrichir, au sens premier du terme, mais de s'élever ?

Exactement. Il ne faut pas que la liberté elle-même puisse passer sous le boisseau de l'évaluation numérique et financière. La liberté est justement le seul territoire où l'on peut investir à perte, sinon il n'y a plus ni choix ni liberté, car tout devient vénal. Et c'est dans ce rapport à l'indéterminé que se font les choses les plus intéressantes.

Bien plus encore que l'indépendance, c'est sans doute l'individualisme, dérive pernicieuse de l'indépendance, qui détruit le plus l'esprit de solidarité et de mise en commun des connaissances. Peut-on être indépendant sans être individualiste ?

Selon moi, nous ne serons réellement indépendants que le jour où nous aurons dépassé l'individualisme. L'indépendance ne peut être celle de l'individu seul, car nous l'avons vu, l'être humain n'existe que par rapport aux autres. Et c'est une fausse liberté de croire que l'individu peut être indépendant *tout seul*.

En revanche, nous pouvons parvenir à un niveau d'indépendance encore plus élevé et plus appréciable, si nous nous débarrassons, non pas totalement, mais partiellement, de nos différents individualismes.

Et, peut-être, une fois libérés de ces parts excédentaires et inutiles de nos individualismes respectifs, verrons-nous enfin la liberté, l'indépendance, l'autonomie, le choix et même l'*Autre*, sous un jour différent. Non plus sous l'apparence d'un gain matériel possible, mais peut-être sous celle de l'authentique Valeur – avec un grand V.

L'*Autre* n'est pas fatalement un facteur d'appauvrissement. Il peut être un facteur d'autonomie, de puissance, de liberté et de joie.

Chapitre 9

LA FOI AU RYTHME DE L'INCERTAIN

La fausse lumière des certitudes

> *« On ne peut jurer de rien, et la seconde opinion donne un démenti à la première idée. »*
>
> SOPHOCLE (496-406 av. J.-C.)

Ainsi que vous nous l'avez précisé, l'islam fait partie intégrante du quotidien des musulmans (qu'ils soient réellement pratiquants ou non), et leur comportement familial ou social de même que leur manière de penser sont directement liés à cette tradition religieuse. Pensez-vous que ce soit une des sources de méfiance des Occidentaux envers les musulmans – Occidentaux qui, eux, ont pris quelque distance avec la religion ?

Je parlerai certes de méfiance, mais surtout d'incompréhension. Nous sommes au début du troisième millénaire et, en Occident depuis un siècle déjà, la séparation entre le corps politique et le corps religieux, entre le temporel et l'intemporel, est consommée. Par conséquent, les Occidentaux ont oublié que la religion peut être accaparante et occuper l'ensemble de l'espace public, collectif et individuel.

Auparavant, l'Occident vivait également sur cette base, rien ne se faisait sans l'aval de l'autorité religieuse. Et cela allait même plus loin. Par exemple, au temps de Luther (au XVIe siècle) existait le système des *Indulgences*, qui consistait à pouvoir acheter une « bonne conduite » par rapport aux autorités écclésiastiques chrétiennes, par rapport à l'autorité du pape. Le pape lui-même pouvait vendre des *Indulgences*, ce qui signifie que contre de l'argent, contre une certaine docilité, obéissance, etc., il était possible de « se payer » une part de paradis ! Luther s'est alors soulevé contre cette pratique (1517), accompagné de tous les mouvements réformistes de l'époque (luthériens et autres) qui refusaient que la grâce de Dieu puisse être achetée contre « monnaie sonnante et trébuchante ».

C'est ainsi que, peu à peu, le divorce a commencé à réellement s'installer dans les esprits et à s'instaurer en Occident.

Les musulmans ne sont pas encore parvenus à ce stade.

L'islam recouvre toujours l'ensemble de la vie du croyant, du berceau à la tombe, quelle que soit son activité. Par exemple, l'activité la plus profane comme la sexualité est, elle-même, reliée à l'islam, assujettie par de puissantes et permanentes correspondances hygiéniques et morales. Dans ce domaine, tout semble possible, mais uniquement en fonction de ce que vous dit le Coran ou la Tradition. Les musulmans les plus pieux, les plus croyants, prononcent d'ailleurs une formule de bénédiction avant l'acte amoureux.

S'agit-il de sacraliser l'acte amoureux ?

Oui, et ils prononcent également une formule religieuse à la fin de l'acte amoureux, en remerciement à Dieu. Chez les musulmans, la religion participe donc à tous les niveaux de la vie privée du croyant, y compris lorsqu'il est dans son intimité familiale, dans son foyer, mais évidemment, et *a fortiori*, lorsqu'il est en présence des autres, car tout ceci est soutenu par l'idée que l'islam est collectif. La *Ummah,* la communauté des croyants, est un concept qui passe avant l'individu. L'exemple primordial de la prédominance de la *Ummah* se révèle à la mosquée, chaque vendredi, qui est la journée sainte pour les musulmans. C'est le jour où ils se réunissent à la mosquée (en arabe : *jamî'*, ce qui signifie simplement « le lieu de rassemblement »). Et *jumu'a* est le jour du rassemblement.

Ensuite, en deuxième exemple de la puissance de la communauté, une communauté radicale et presque exclusive, il existe le pèlerinage à La Mecque où tous les musulmans de la planète se réunissent en un temps donné, deux mois après le ramadan, pour partager la fête de *l'Aïd El-Kébir.* C'est en ce jour que tous les pèlerins se retrouvent pour l'immolation du mouton. Celui-ci symbolise le geste du patriarche Abraham au moment où il devait sacrifier Ismaël, le fils aîné qu'il eut de Hagar (Agar).

De ce point de vue, il est donc vrai que l'islam peut être suspect aux yeux des Occidentaux en raison de sa prééminence irréductible dans la vie du croyant. D'une certaine manière, la vie du musulman est faite, comme pour tout être humain, d'un rythme de 24 heures réparties sur le jour et la nuit ; or l'islam occupe l'intégralité de ce temps : le jour comme la nuit ! Il n'y a pas un moment (pas plus qu'un lieu) où la vie du croyant n'est pas investie par l'islam.

Cette suspicion des Occidentaux face à l'omniprésence de la religion dans le quotidien des musulmans ne vient-elle pas justement du fait qu'il y a une historicité identique en Occident (avec le christianisme), et qu'ils considèrent alors cela comme une régression ?

Je ne pense pas qu'ils considèrent cela comme une régression, cependant, comme les Occidentaux ont connu ces pratiques, ils craignent de les voir ressurgir. Ils ont peur de la répétition, mais pas dans le sens chronologique du terme. Dans leur for intérieur, les Occidentaux craignent que l'islam ne restaure ce qu'eux ont abandonné. Ce qui effraie les Occidentaux n'est pas que les musulmans soient archaïques. Même s'il y a sans doute des Occidentaux pour penser que les musulmans sont plus archaïques qu'eux, qu'ils sont anachroniques, en retard dans le temps, ce n'est pas une question de pure chronologie, mais une question de volume, une question de topique. En effet, il est vrai que, ainsi que nous l'avons dit, la topique musulmane envahit l'ensemble de la vie du croyant, l'ensemble de son imaginaire. Par conséquent, les Occidentaux craignent que les musulmans ne soient totalement déterminés par le Coran, par le *hadith*, ou par l'imam. Leur peur vient du contenu, du paradigme même d'être musulman, plutôt que du fait que l'islam ait six siècles de retard ou non.

Évidemment, les gens un peu sommaires pensent que l'islam a en effet six ou sept siècles de retard, dans la mesure où il est né au VIIe siècle de la chrétienté. Mais si c'est une question chronologique, que dire en ce qui concerne les juifs, qui sont apparus six mille ans avant notre ère ? Les chrétiens seraient alors en retard de quatre mille ans par rapport aux juifs...

Ce n'est pas aussi simple. La réalité est que les Occidentaux redoutent la topique même de l'islam qui peut s'imposer telle quelle, dans sa massivité, à un croyant musulman. Ils redoutent le déterminisme de cette topique dont la conséquence, au niveau social, est claire : dès que le musulman croit l'islam dans sa globalité, il ne remet pas en question les contenus moraux qu'il propose, ainsi que son éthique sociale. L'appréhension des Occidentaux porte donc en réalité sur le risque

que les musulmans ne deviennent des machines ou des êtres télécommandés, des robots.

Il existe une différence fondamentale entre l'esprit des Occidentaux d'aujourd'hui et celui des Orientaux musulmans, qui est la capacité et la liberté de douter, de remettre en question, de s'interroger sur tous les plans, y compris, justement, sur celui de la religion, alors que, sur ce dernier point, les musulmans semblent n'avoir que des certitudes. Cette absence totale de remise en question de leur religion est-elle vraiment une réalité, ou bien n'est-ce qu'une perception erronée que nous avons de la pensée musulmane ?

Ce n'est pas une perception erronée mais bien une réalité. Les musulmans ne peuvent être musulmans que dans la mesure où ils ne doutent pas de trois données, essentielles dans l'islam, que j'ai nommées : *l'Impensable, l'Impensé* et le *Pensé.*

L'Impensable, c'est Dieu. Dieu est, en effet, impensable, nous n'oserons jamais le penser. Dieu, Allah, fait partie d'une catégorie intouchable car sacrée. Et celui qui y touche est presque un hérétique, un mécréant, c'est un individu qui *doute* et qui, donc, est déjà un peu moins musulman.

L'Impensé, c'est le Coran. Le Coran est également intouchable car, d'une certaine façon, c'est une partie de Dieu ; il est la parole de Dieu. Il n'est pas *impensable* dans la mesure où l'on peut tout de même en parler, mais il est *impensé* puisqu'il est interdit de le discuter.

Il est possible d'en parler, mais pas de l'interpréter ?

Exactement. Certes, il arrive qu'il soit interprété, mais à la condition de ne jamais sortir des sens possibles qu'il donne.

Puis, le *Pensé*, c'est le Prophète Mohammed (Mahomet).

Mahomet est *pensé*, puisqu'il est un être humain qui est devenu prophète. Lui-même dit : « Je suis un être humain, appréhendez-moi comme un être humain, mortel. »

Il n'est pas le fils de Dieu, il n'est pas un prophète supérieur aux autres prophètes, et d'ailleurs sa sacralisation n'est venue que sur le tard. Durant sa vie, les gens lui parlaient, chacun pouvait venir le voir, il n'était pas considéré comme le Messie mais comme un transmetteur. Le Prophète étant donc un messager, il peut être *pensé*, mais, évidemment, il n'est pas question de lui manquer de respect.

Toutefois, il faut bien comprendre qu'il n'est en aucune manière l'incarnation de Dieu (comme Jésus), mais un homme qui fait partie de l'histoire, que l'on peut mettre en perspective. Nous connaissons sa vie du début à la fin. Et lui-même s'est toujours comporté comme un être humain. Il s'est marié, a épousé plusieurs femmes, en a aimé certaines et a été refusé par d'autres, il a mené des guerres, etc.

Voilà sans doute une des raisons pour lesquelles, d'une part, les Occidentaux chrétiens ne comprennent pas quelle peut être la dimension du prophète Mahomet par rapport à celle de Jésus et, d'autre part, que pour les musulmans Jésus est un être qui est resté dans les limbes, qui est resté dans la transcendance pure. Pour eux, Jésus est un être uniquement spirituel, qui ne fait pas le mal, qui tend l'autre joue quand il reçoit une gifle, qui est dans l'amour parfait, l'amour de Dieu – il est un pur mystique.

De leur côté, les chrétiens ne veulent pas reconnaître Mahomet, ou le redoutent, ou encore ne le tiennent pas pour Prophète, uniquement parce que lui-même s'est donné toutes les caractéristiques de l'être humain et donc ses limites. Il a aimé, il a été heureux et malheureux, il a fait des guerres, il a brûlé, incendié, razzié... Seulement, dans le même temps, il a aussi apporté le Coran, il a été sage, il a prêché pour la tolérance et pour la paix.

Tous les aspects de l'être humain étaient donc bien dans le Prophète.

Ainsi, les trois données essentielles que je viens d'évoquer, le *Pensé*, *l'Impensé* et *l'Impensable*, font partie du domaine sacré, donc mystérieux. Malheureusement, ces trois points furent érigés en certitudes. Avec le temps, une sorte d'ossification s'est produite et ces trois éléments sont aujourd'hui inamovibles. Le *Pensé* (Mahomet) a évolué vers l'*Impensé* (alors que, de son vivant, le Prophète était accessible à tous) ; *l'Impensé* (le Coran) est devenu *l'Impensable* ; et *l'Impensable* (Dieu) est aujourd'hui au-delà même de *l'Impensable*, totalement inaccessible...

Cette fermeture, cette crispation, a produit alors un rétrécissement de l'espace dévolu à la pensée, de l'espace dévolu à la critique. Et, traduit dans la réalité, c'est l'espace même de la libre réflexion qui s'est rétréci au profit de la certitude.

À partir de quelle époque cette ossification a-t-elle eu lieu ?

À partir du IXe siècle, c'est-à-dire deux siècles après la mort du Prophète. Les régimes fondés sur la religion musulmane, le régime des potentats, des souverains et des califes qui, à l'époque, géraient l'empire musulman (un empire puissant), ont alors ressenti le besoin de créer une mythologie, une théologie du sacré, un univers incorruptible, infaillible. Nous pouvons dire qu'à un moment donné, le mythe de l'infaillibilité s'est emparé des califes et, pour se promulguer infaillibles, ils se sont réclamés de l'autorité de Dieu, du Prophète et du Coran – trois éléments qu'ils ont sacralisés pour leur bénéfice immédiat. En effet, dès que le Prophète et le Coran (et par conséquent la tradition du Prophète : ce qu'il a dit, ce qu'il a fait) sont sacralisés, vous ne pouvez plus rien remettre en question, y compris l'autorité absolue du calife. Et ce fut la solution rêvée pour se prémunir contre toutes les diversions, contre toutes les révoltes et contestations sociales ou philosophiques. Les philosophes rationalistes furent mis à l'écart, et certains furent même assassinés ; non pas parce qu'ils avaient remis en question l'infaillibilité du Prophète, pas plus que l'infaillibilité du Coran, et encore moins l'infaillibilité de Dieu (ce qui est absolument inimaginable), mais uniquement parce qu'ils avaient remis en question l'infaillibilité du calife !

Autrement dit, la libre pensée, le libre arbitre, l'autonomie du sujet, la liberté de critiquer, la liberté même d'une « foi sans certitude », s'exprime déjà par le fait de commencer par douter d'un autre être humain : le calife.

À cette époque, on pouvait déjà subir la *fetwa* qui fut créée pour régler ce type de problème – des problèmes de politique ! La *fetwa* était une protection contre toute forme de rébellion venant de la *Ummah* ou des philosophes rationalistes et sceptiques, des libres penseurs qu'il fallait faire taire d'une manière ou d'une autre. Elle a été conçue pour anticiper toute contestation possible que pouvaient nourrir certains libertaires par rapport au calife qui, n'étant qu'un être humain comme les autres, ne possédait aucune divinité en soi. Un calife ne devenait calife que grâce aux jeux du sérail, aux jeux du pouvoir, d'aucuns étaient d'ailleurs ignorants des questions de religion...

De nos jours, la certitude de Dieu chez le musulman est-elle pour lui une nécessité face à trop d'incertitudes angoissantes, ou est-ce réellement une évidence intérieure ?

Nous rencontrons les deux cas de figure. La certitude de Dieu est une réalité pour beaucoup, la majorité des musulmans croient définitivement et indissolublement à la réalité de Dieu. Mais il existe aussi une minorité qui vit de cette croyance et, pour cette minorité, Dieu est alors une nécessité, presque un alibi dont se nourrissent leur dogmatisme et leur pharisaïsme.

Cela dit, nous devons aussi prendre en compte le fait que, pour tout être humain, il est en effet très difficile de vivre dans l'incertitude, physiquement, mentalement et intellectuellement. Les certitudes font partie des nourritures dont les gens ont besoin (au moins un minimum) pour exister, pour avancer, pour se réveiller le matin, pour aller à leur travail, pour faire des études. Dans ce sens-là, la certitude est un peu comme l'oxygène de l'âme.

Seulement, les musulmans ont réussi à cumuler les valeurs. D'une manière générale, chez les croyants qui, au-delà de leur foi – une foi aveugle, absolument indémontable – ont une certitude de l'Incertain (avec un grand « I », car personne n'a jamais vu Dieu, ni eux ni moi), la nécessité prendra alors les limites de la croyance elle-même, et la recouvrira entièrement.

Nous nous retrouvons ainsi face à une situation évidente pour un musulman, situation selon laquelle, dans la mesure où Dieu existe, il n'a pas à Le *penser* car, dès l'instant où il commence à Le *penser*, il n'y croit plus sans réserve – l'existence de Dieu est déjà remise en question ! D'où l'antinomie totale, le divorce complet, entre Raison et Foi en islam, nonobstant ce que pouvait dire ou penser Averroès, le grand philosophe médiéval.

Les Occidentaux, eux, sont parvenus à séparer les deux : certaines personnes ont la foi et d'autres la raison, certaines personnes ont en même temps la foi et la raison, et d'autres encore (par exemple, les scientifiques) ont la raison et la foi. Pour un Occidental d'aujourd'hui, il n'est pas honteux d'être un scientifique rationaliste et d'avoir la foi. En revanche, de nos jours en islam, il serait absurde de dire : « Je suis un rationaliste qui, en même temps, croit en Dieu. » On va vous rire au nez. Il n'empêche que, personnellement, je suis, à l'évidence, un rationaliste (ma méthodologie le prouve, mes travaux militent pour moi), pour autant, je suis très mal placé pour dire que Dieu n'existe pas. Je ne suis absolument pas un militant, ni de la rationalité ni de l'irrationalité, je prétends uniquement qu'en tant qu'observateur, ma rationalité m'oblige à constater qu'il existe des niveaux de perception que je ne discerne pas. Le minimum d'honnêteté que je dois avoir est de déclarer que je ne perçois que ce que je peux percevoir en analysant la société, en analysant la psyché humaine, les mécanismes de l'amour, etc.

Toutefois, je reconnais évidemment que ce que je ne perçois pas, d'autres peuvent le percevoir. Par exemple, les musiciens perçoivent des niveaux de sens dans un morceau, qui, personnellement, m'échappent totalement. De même, sans doute existe-t-il des mystiques qui sont réceptifs à des niveaux de conscience que je ne discerne pas.

Autrement dit, j'admets volontiers qu'avec mes organes des sens, ma rationalité, mon travail, éventuellement mon intelligence, je ne saisisse qu'une partie de la réalité, et qu'il en existe d'autres que je méconnais ; je les pressens mais je ne peux pas les éprouver, néanmoins j'intègre tous ces niveaux dans ma méthodologie et dans ma façon de voir le monde.

Ma rationalité ne me prive pas de penser qu'il existe de l'irrationnel à côté de moi, en face de moi ou autour de moi. Il n'y a aucune contradiction.

Ne croyez-vous pas que les certitudes inébranlables que possèdent les musulmans puissent justement les conduire à devenir extrémistes ?

Oui, c'est juste. Un être sans incertitude est déjà un intégriste, qu'il soit musulman ou non (car ce n'est pas limité aux seuls musulmans), il existe des « fous de Dieu » dans toutes les religions.

Faut-il donc être *fou* pour appréhender Dieu ?

En jouant un peu sur les mots, la formulation laisse déjà penser que ces gens ont plus ou moins perdu Dieu et en sont devenus fous. Dans un tel contexte, un « fou de Dieu » ne peut pas être crédible.

Sans avoir nécessairement « perdu » Dieu, l'extrémiste, le « fou de Dieu », ne l'a peut-être tout simplement pas « trouvé » et en devient obsessionnel.

Oui, et de plus, il l'a tellement idolâtré que ce n'est plus le Dieu de tout le monde qu'il vénère, mais son Dieu personnel.

Est-ce réellement la religion de l'islam qui impose cette immersion dans la certitude (ce dont se méfient les Occidentaux) ou l'application qu'en font les croyants ?

Personnellement, j'ai toujours fait la distinction entre islam et musulmans. L'islam lui-même, interprété de manière honnête, vérifié par une commission de gens qualifiés, des *sages*, ne doit pas mener à cette extrémité. Malheureusement, il se trouve que certains musulmans se sont eux-mêmes donné comme tâche d'interpréter l'islam dans un sens leur permettant de prouver qu'ils sont les meilleurs, les plus « moralement sains », les plus proches de Dieu. Par conséquent, ils mènent la guerre envers tous ceux qui n'appartiennent pas à leur cercle immédiat, le cercle représentant les détenteurs de la vérité suprême, les détenteurs de la parole de Dieu, les « détenteurs de Dieu ».

C'est une façon de privatiser Dieu, de le détourner à leur propre avantage, et d'imposer leur point de vue au reste de l'humanité. Ces hommes sont tout simplement des intégristes, non pas seulement parce qu'ils méconnaissent Dieu, ou que leur foi n'est pas valable, ou encore qu'ils font une interprétation erronée de l'islam, mais parce que vouloir imposer leur interprétation de l'islam à tous est un comportement hautement répréhensible.

À la limite, s'ils réservaient pour eux-mêmes leur interprétation personnelle de l'islam, s'ils vivaient entre eux, dans leur désert, sans chercher à imposer au monde entier leur vision de l'islam, leur Dieu privé, (ce Dieu sous enceinte clôturée, ce Dieu qu'ils se sont fabriqué et qui demeure dans une sorte de territoire pur et vierge de toute incidence humaine), ils formeraient une secte, mais ne gêneraient personne et ne poseraient donc aucun problème.

Le danger réside dans le fait qu'ayant « privatisé Dieu », et ayant *décodé* le Coran à leur manière, ils veulent l'imposer par la force.

Paradoxalement, ces extrémistes ne cherchent-ils pas à imposer leurs certitudes à tous, parce qu'ils sont incapables d'affronter la part d'incertitude qui est le lot de chaque être humain ? Imposer leur idéologie au monde entier les conforterait alors dans leurs certitudes, faute de quoi ils pourraient éventuellement douter ; un doute qu'ils craignent plus que tout.

Cela est tout à fait possible car, sans trop nous avancer, nous pouvons dire que, sur le plan anthropologique, la plupart des gens qui possèdent des certitudes souffrent également des peurs et des angoisses qui vont avec. Un être humain ne peut pas être bardé d'autant de certitudes si, par ailleurs, il n'a pas une carapace faillible, avec ses fêlures et ses carences. Un être humain qui refuse l'échange avec les autres humains, quelles que soient leur physiologie, leur philosophie, leur religion ou leur couleur, est quelqu'un qui n'est pas sûr de ce qu'il est au fond de lui, dans son propre univers ; il doit être affecté de nombreuses faiblesses, de fragilités, de beaucoup d'inquiétude et, évidemment, de doute. Mais il s'agit là d'un doute autistique, un doute refoulé qui ne remonte jamais à la surface du conscient. Ces personnes persistent à dire qu'ils ont une certitude sereine et tranquille, ce qui n'est, bien sûr, qu'une auto-évaluation.

Précédemment, vous nous disiez qu'imposer des certitudes par une pétrification de* l'Impensable, *de* l'Impensé *et du* Pensé, *était une façon d'empêcher toute remise en question du pouvoir du calife, et que les religieux avaient réussi à faire accroire que, à l'intérieur de la liberté collective, la liberté individuelle était totale dans l'islam...

Seulement le fait même que l'islam n'offre aucune place à la remise en question, au doute, n'est-il pas un procédé manichéen pour totalement supprimer le libre arbitre ?

Oui, en effet. Le problème est que nous avons aujourd'hui une vue de l'islam à la fois très partielle, réductrice et dévoyée.

Nous méconnaissons l'islam authentique en vigueur jadis et, aujourd'hui, le seul qui s'offre à nous est un islam répressif, réducteur, fourvoyé, bien loin de représenter sa grandeur réelle. Par le passé, l'islam offrait la possibilité aux musulmans d'être dans la libre pensée, voire dans la libre critique, et parfois même acceptait cette critique. Les autorités religieuses ne furent pas toutes – loin s'en faut – répressives vis-à-vis de la liberté de penser. Il existait d'ailleurs des califes, des mécènes, des souverains, des potentats éclairés, qui payaient pour inviter les plus grands esprits de leur temps à dialoguer, soit dans des établissements appelés « maisons de la sagesse », soit dans les mosquées, autour du calife, ou encore dans les *diwans* organisés au sein même du Palais. À des périodes données, existait donc une brillante inter-activité entre les savants, les intellectuels et l'autorité du pouvoir. Seulement, l'islam ayant régressé au plan historique, il a également entraîné dans sa déliquescence cette liberté de penser qui, selon moi, est la fine fleur de toute pensée.

Une pensée qui est pré-déterminée, pré-écrite (par exemple un texte déjà écrit, récité au sommet d'une chaire, face à des pèlerins), ne représente pas du tout la liberté. En revanche, un texte écrit librement, pour la réalisation duquel vous avez dû douter de vos propres certitudes, est alors un exercice extrêmement intéressant.

Autrement dit, l'islam fut, en quelque sorte, créateur de la libre pensée, du libre arbitre, en responsabilisant les individus, mais cela n'a eu lieu que durant des périodes infiniment rares, d'un siècle ou deux seulement sur les quatorze siècles de l'islam, ce qui est très bref. Le reste du temps, ce fut l'obscurantisme qui l'emporta.

Le corps des théologiens répressifs et le corps militaire se sont toujours entendus entre eux et ont toujours travaillé main dans la main ; les premiers accréditaient le recours à la « guerre sainte » pour permettre aux seconds de mener une guerre au nom de l'islam.

En clair, l'imam décrétait une *fetwa* quand le gouvernant le lui demandait afin de pouvoir « légitimement » combattre la tribu voisine, le pays voisin ou encore la religion voisine. Et, évidemment, quand l'imam acceptait de décréter une *fetwa* officielle en disant : « J'avalise cette guerre sainte qui est une guerre au nom de Dieu », pour que les musulmans acceptent de participer au combat, le pouvoir lui offrait en échange une autorité amplement suffisante pour gérer les âmes et la morale collective. Le pouvoir politique s'est ainsi souvent débarrassé de ses fonctions pédagogiques de base – ce qui est la vocation d'un État de droit, d'un État trans-individuel – au profit de la corporation des imams qui, en quelque sorte, a toujours négocié ses privilèges. Nous retrouvons là le système des *Indulgences* dont nous parlions précédemment, dont le mobile est, en l'occurrence, qu'un potentat aille faire la guerre à d'autres musulmans, au nom de la religion, et qu'un religieux puisse lui donner une *fetwa* positive pour cela, alors que l'islam dit qu'il ne faut pas tuer, ni les musulmans ni les non-musulmans. L'ambiguïté d'une telle attitude est flagrante.

Finalement, le seul moyen pour que les musulmans puissent enfin accéder au « Sujet individuel » ne serait-il pas de s'ouvrir auparavant à une « foi sans certitude », puisque là serait le début de la liberté de penser ?

En effet, il faut aller vers une foi libre, mais sans renier son héritage. Le dilemme dans lequel se trouve le musulman est de savoir comment faire évoluer l'islam sans remettre en question les fondements mêmes de l'islam : Allah, le Coran, le Prophète. En ce qui me concerne, je suis, *a priori*, prêt à accepter les fondements mêmes de l'islam, dans la mesure où l'individu que j'ai en face de moi est un individu sincère, qu'il croit réellement que la religion, « c'est *ça* ».

Autrement dit, la foi de l'individu, la foi individuelle, est un domaine sacré, contre laquelle je ne m'élève pas. En revanche, je m'oppose vigoureusement à ce que le prétexte de la foi puisse servir d'argument pour excommunier, tuer, interdire, jeter l'opprobre ou l'anathème, sur tel ou tel individu, que ce soit un homme une femme, un étranger ou non. J'accepte la foi en tant que telle, mais pas l'usage abusif de la foi individuelle et même de la foi collective, qui conduit à des débordements et des usages sociaux immédiats, dans l'unique objectif de réprimer.

La foi peut aussi être un bienfait pour parfaire l'éducation des personnes, pour élever l'âme, la culture, etc. La foi peut être une forme d'enseignement, de pédagogie qui vaut toutes les autres.

Seulement, il n'y aura pas de *Sujet* musulman, donc d'individu autonome par la pensée, si la foi de cet individu n'est pas confrontée à l'incertitude comme à la certitude. La foi doit maturer, elle doit elle-même s'élever et se perfectionner au contact de cette dualité exclusive qu'est « *l'incertitude de la certitude* ». Beaucoup de musulmans pensent qu'une foi avec certitude suffit pour la faire évoluer, mais personnellement je doute que la foi puisse s'enrichir, sans qu'il y ait, par ailleurs, une incertitude. Eux prétendent évidemment le contraire : dès l'instant où vous avez la foi, elle est obligatoirement accompagnée de certitude, et vous ne pouvez absolument pas attenter à cette certitude puisqu'elle est fondée sur la foi elle-même...

Dès lors, se demander : « Dieu existe-t-Il ? » « Comment se manifeste-t-Il ? » sont déjà des questions incongrues qui révèlent que vous n'avez pas la foi.

Autrement dit, nous sommes dans une situation kafkaïenne : quoi que vous fassiez, de quelque côté que vous abordiez la foi, c'est une boule de feu qui vous brûle, voilà pourquoi la plupart des gens se disent qu'il vaut mieux ne pas y toucher et, dans la mesure où elle intouchable, autant l'entourer de certitudes !

À mon sens, il est regrettable de croire que la foi doit être soumise, paraphée par la certitude. Je préfère saint Augustin qui, lui, a douté ; je préfère Ghazzali, un grand théologien musulman, qui a également douté de sa certitude, et qui a ensuite écrit, comme saint Augustin, de magnifiques textes sur la foi. L'un n'empêche pas l'autre.

***Vous nous avez dit être personnellement* « dans une quête qui relève du doute, du scepticisme, de l'incertitude ; face à ce Créateur qui ne veut pas s'annoncer et même se dénoncer, ma quête est permanente, y compris actuellement. »**

Avant tout, que signifie « une quête de Dieu qui relève du doute, du scepticisme » ?

Mon Dieu est un Dieu qui n'est pas une entité finie, c'est un Dieu que je *bâtis* et que je découvre au fur et à mesure, parce que, à mon avis, Il est tellement vaste que nous sommes obligé de « *construire* » (au sens métaphorique, bien sûr) une part de Dieu.

Je ne pense pas qu'un être humain puisse connaître Dieu dans Sa totalité, c'est pourquoi nous sommes amenés, les uns et les autres, à nous créer « une idée de Dieu ». Et, en ce qui me concerne, par cette approche circulaire, il me semble que mon Dieu d'aujourd'hui (que je me suis donc peu à peu *construit* intellectuellement) est plus près de ma conscience, plus élevé, plus sûr, parce qu'Il est érigé sur une quête ouverte, interrogative, fondée sur l'incertitude, laquelle est souple, généreuse, spontanée et, de surcroît, honnête.

Je ne crois pas qu'il existe un seul être humain sur cette planète qui n'ait pas un jour douté de ses certitudes, même les plus rebelles à cette idée, même les intégristes les plus violents...

Pour les musulmans, le principal bienfait d'une ouverture à une foi libérée de ses certitudes ne serait-il pas d'enfin pouvoir remettre en question la notion d'un Dieu guerrier, vengeur, exigeant et, d'une certaine façon, autorisant la mise à mort du voisin, si cela est nécessaire ?

Oui, absolument. D'ailleurs ce Dieu guerrier n'est pas le véritable Dieu des musulmans. Le Coran n'est pas un manuel guerrier, que je sache ! Il est vrai qu'il parle de batailles, mais de batailles menées contre des païens, et non contre d'autres croyants.

Pourtant, même si le Coran n'évoque que la possibilité de combattre les « païens », la dérive n'est-elle pas prévisible, dans la mesure où chacun d'entre nous peut subitement devenir le « païen » de quelqu'un, puisqu'il suffit pour cela qu'il ne partage pas la même idéologie ?

Oui, je suis de votre avis. À mon sens, le prétexte de la « guerre sainte », de la guerre des religions, est tout simplement une pédagogie plus expéditive que la longue pédagogie qu'implique l'œuvre missionnaire ou la prédication qui, elles, réclament plus de temps et ne peuvent faire leurs preuves que sur le long terme. Selon moi, cette « guerre sainte » n'a aucun autre objectif, aucune autre valeur.

Il ne faut pas oublier qu'au départ, l'islam était fortement imprégné par des idées de paganisme, de polythéisme, mais également par l'idée d'une certaine structure sociale qui était le reflet de l'Arabie du VIIe siècle. L'islam porte les marques de son temps.

Normalement, sur le principe, n'est bon musulman que celui qui accomplit le travail nécessaire pour s'éloigner le plus possible de la violence religieuse et se diriger vers la non-violence que prône l'islam.

Voilà pourquoi, à mon sens, celui qui préconise la guerre pour combattre les mécréants, les hérétiques, les païens, est un moins bon musulman que celui qui retient de l'islam son côté lumineux.

Oui, Dieu propose tout : Il propose l'ensemble de la Création qu'Il met à la disposition de l'être humain. La responsabilité individuelle est alors de *choisir*. Malheureusement, le musulman dogmatique ne *choisit* pas, il *cède* au côté obscur, sommaire et immédiat de ses penchants. Quand il entend qu'il faut faire la guerre, il pense aussitôt qu'il s'agit d'imposer l'islam à toute la planète, par la force et la violence, en tuant tous les récalcitrants. Non ! Avant tout, la guerre doit être menée contre soi-même, contre sa propre violence intérieure.

Comme nous l'avons déjà évoqué, le terme* djihad *est, par facilité, souvent utilisé dans son sens le plus primaire.

Oui, absolument, alors que, je le rappelle, *djihad* signifie simplement : « faire l'effort de... »

Personnellement, je ne cesse de répéter aux musulmans que s'ils veulent être de bons musulmans, de vrais croyants, que s'ils ont réellement la foi en Dieu, ils doivent d'abord faire la *djihad* à leurs propres démons intérieurs. Il s'agit de se faire la guerre à soi-même, à ses vices, à ses manies, à sa violence. Et, quelle que soit la religion, plus l'individu va vers la lumière, plus il se rapproche de Dieu – en tout cas du Dieu auquel je crois. Mon Dieu est un Dieu de lumière et un Dieu de paix.

C'est étonnant cette manière que vous avez de dire « mon Dieu ». Cette façon de parler vous fait apparaître infiniment plus proche de Dieu que ceux qui utilisent de grandes phrases, de grandes théories.

Lorsque vous dites « mon Dieu », il semble exister une réelle familiarité entre vous. Ressentez-vous cela ?

Tout à fait. Je pense qu'il faut que Dieu soit avec moi, pour avoir évité tous les écueils que j'ai rencontrés dans ma vie. (rires)

Je me méfie de ceux qui posent le prédicat d'un Dieu tout-puissant qui n'accepte aucune interrogation, qui est au-dessus de tout être humain, car c'est une forme de totalitarisme et, selon moi, une déformation de Dieu.

En réalité, toute l'incompréhension qui plane sur l'idée de « la foi sans certitude » vient du fait que beaucoup pensent qu'il s'agit de poser une incertitude sur Dieu lui-même, alors qu'il s'agit uniquement de poser une éventuelle incertitude sur les Textes, sur le dogme ?

Absolument. Mais, pour cela, ils devraient eux-mêmes se remettre en question, ce qu'ils ne parviennent pas à faire car ils souffrent d'une réelle inhibition à ce sujet.

Nous avons déjà évoqué la distinction qu'il convenait parfois d'établir entre « islam » et « musulman », afin de préciser que, bien que l'islam prêche la bonne parole, il existe néanmoins des musulmans qui persistent à faire une mauvaise interprétation des Textes, se les accaparent et les utilisent à mauvais escient, devenant ainsi dangereux pour les autres. Dans le même esprit, il me semble que nous devons également faire une différence entre « foi » et « croyance ».

Finalement, Dieu n'a peut-être même pas besoin de la croyance telle que nous la concevons ? Dieu est sans doute nettement supérieur à tout cela, et peut être célébré par Ses créatures, dans d'autres lieux que ceux, purs et sacralisés, comme les mosquées ou les églises ?

À mon sens, l'entité divine est plus riche et complexe qu'on ne croit.

Dieu est un Principe.

En fait, ce Dieu de lumière n'a-t-Il pas infiniment plus besoin que les hommes s'aiment entre eux, et donc L'aiment à travers

chacun, plutôt que d'une adoration enchâssée dans les certitudes ?

L'islam doit gagner de nouveaux territoires sur l'incertitude – et ce n'est ni le dénigrer ni le rabaisser. C'est au contraire, à mon avis, aller vers une religion de lumière que de considérer que la réflexion humaine, les inquiétudes humaines, la passion humaine, l'amour humain, sont également des manifestations du monde créé en général (avec la pensée). Cela signifie qu'il y a, en amont, un Principe fondateur qui surpasse largement les controverses et les combats singuliers que nous nous menons les uns aux autres.

Si nous continuons dans la démarche actuelle où les uns sont pour un Dieu vengeur, les autres pour un Dieu tolérant, les troisièmes pour un Dieu de négociation et les quatrièmes pour un Dieu neutre... Nous perdons notre temps !

Le pouvoir politique qui, depuis de nombreuses années, utilise l'islam à ses propres fins et ainsi obscurcit considérablement l'islam lumineux dont vous nous parlez, semble tellement puissant qu'une réelle mutation des musulmans vers la capacité à remettre en question le dogme paraît presque une pensée idéaliste. Est-ce réaliste ou utopique de croire que les musulmans d'aujourd'hui pourront parvenir à réévaluer leurs certitudes sur le dogme de l'islam, sur les Textes (et non, bien sûr, sur Dieu) ?

En l'état actuel des choses, en ce début du XXIe siècle, c'est, évidemment, une utopie de croire que les musulmans vont opérer leur *aggiornamento* facilement. Toutefois, cela ne l'est plus dès l'instant où nous prenons en considération que les élites politiques qui gouvernent aujourd'hui sont vieillissantes ; ce sont des élites post-coloniales, souvent non élues, placées là par le vent de l'histoire et qui ne furent jamais légitimées. Dans tous les cas, elles ne sont absolument pas représentatives de la richesse que propose la société en général, civile et militaire.

Aujourd'hui, nous ne disposons pas du recul nécessaire pour voir ce que sera l'islam dans un siècle ; nous ne voyons de l'islam qu'un islam appauvri, d'une part à la suite des colonisations, et d'autre part à la suite de la décadence et du refus d'évolution des musulmans qui ont perdu leurs repères et leur confiance. Cette perte de confiance remonte environ à 1492, à partir des conquêtes chrétiennes qui, en quelque sorte, ont fait perdre le moral aux musulmans. Car, auparavant, ils étaient beaucoup plus prolixes, plus créatifs, plus inventifs.

Seulement, cet islam vieillissant et statique que nous connaissons de nos jours est en train de disparaître, et avec lui les actuels « monstres sacrés » que sont les politiques, les religieux. Par la suite, dans une génération ou deux, nous aurons alors un nouvel islam. Cet islam ne sera pas forcément laïc, pas forcément indépendant ou permettant l'autonomie du sujet, comme ce fut le cas en Occident (et il est possible que ce retard chronologique persiste encore longtemps), mais il comprendra néanmoins des musulmans qui affirmeront que tuer quelqu'un n'est pas un prédicat de l'islam, qui seront fiers et heureux de leurs repères identitaires, sans pour autant vouloir les imposer à qui que ce soit.

Ainsi, il existera peut-être un troisième type d'islam, un islam piétiste, un islam de conviction, un islam de non-violence, qui essayera, en premier lieu, d'approfondir la totalité de l'espace de l'islam que nous avons à conquérir dans les pays musulmans.

Ce n'est pas une utopie (du moins j'ose l'espérer), car personnellement j'ai observé que, depuis un siècle, se développe peu à peu un frémissement de la libre pensée, qu'on appelle en islam *nahda*. Certes, cette « renaissance » n'a pas toujours donné les fruits escomptés, notamment au XIXe siècle. Mais je crois qu'un changement va s'opérer avec la décolonisation, la fin des errements idéologiques du panarabisme, du panislamisme, comme de la violence religieuse et de l'utilisation politique et abusive de l'islam. Nous constatons peu à peu l'émergence de mesures nouvelles et un enthousiasme absolument incroyable et indescriptible des jeunes du tiers-monde, et du monde musulman en général, pour une vie nouvelle. Une réelle ouverture se met également en place à travers les voyages ; l'islam est, lui aussi, concerné par « le village mondial ». Tous ces facteurs vont accélérer le processus de mise en perspective de l'autonomie du Sujet, et le Sujet est de plus en plus considéré comme élément d'appréciation d'une politique donnée, notamment dans la création de démocraties, la venue d'un souffle démocratique dans l'économie. Par exemple, dans quasiment aucun État, sauf en Irak et, paradoxalement, encore en Tunisie, les régimes ne sont élus par 99 % de l'électorat. Même les royaumes, comme ceux du Maroc et de la Jordanie (pour ne parler que des pays arabes) sont en train d'évoluer vers des monarchies constitutionnelles, où le roi restera à l'extérieur de la politique du pays et où le véritable président sera un Premier ministre.

D'ailleurs, par le renouvellement des élites, les rois actuels sont plus jeunes, et même dans les pays qui ne sont pas des royautés, ce sont de jeunes générations qui sont les vrais décideurs, les vrais gestionnaires du pays.

Autrement dit, le renouvellement progressif de ces anciennes élites (qui sont plus ou moins des avatars du colonialisme) et l'arrivée des jeunes équipes influencées par des idées universelles, de nouveaux moyens de communication (Internet, la télévision par satellite, etc.) font que je ne perds pas l'espoir de voir l'islam être capable de se remettre en question sur un certain nombre de points parmi les plus cruciaux et les plus violents. D'ailleurs, à titre personnel, dans la mouvance qui se produit en France et dans le monde, je fais partie de cette nouvelle génération de personnes qui n'ont peut-être pas toutes les réponses mais qui osent poser des questions, notamment sur l'autonomie du Sujet. Ce questionnement est dans l'esprit du *nouvel ijtihad*, qui est une disposition neuve et moderne pour interpréter les textes religieux, le dogme, le Coran et la Tradition du Prophète, *en fonction* des problèmes que nous affrontons aujourd'hui.

Cette nouvelle lecture ne remet-elle pas en question toute certitude ?

Cette interprétation du Coran est évolutive ; elle n'est pas immuable, elle évolue avec le temps, elle s'adapte, elle s'améliore, elle se perfectionne. Il s'agit de ne pas s'arrêter au XIIIe siècle et de décréter que, le Coran ayant été interprété une fois pour toutes, advienne que pourra par la suite, de toutes les façons, rien ne changera !

Non, une telle attitude est injustifiée. Au contraire, si le Coran est un grand texte, il faut qu'il puisse donner des réponses à toutes les générations d'êtres humains – la mienne et celles à venir. Nous avons aussi besoin de réponses sur l'euthanasie, sur la biodiversité, le nucléaire, les manipulations génétiques, et aussi sur la cryogénisation, sur le mariage des homosexuels, la place et le rôle de la femme. Le Coran doit répondre à ces interrogations, bien qu'elles n'aient pas existé au temps du Prophète, comme au temps d'Averroès ou d'Avicenne. Évidemment, à cette époque, personne ne pouvait imaginer qu'aujourd'hui, nous serions confrontés à ces questions-là...

Il faut donc que notre lecture du Coran change. Et cette nouvelle lecture doit nous permettre de découvrir des voies différentes de celles des générations précédentes, car les solutions qu'ils nous proposent ne sont plus suffisantes. C'est comme si vous vouliez faire la course contre une Ferrari en n'ayant qu'une 2CV... Ce n'est pas sérieux.

Refuser ce type d'évolution et de perfectionnement dans la compréhension du fait religieux signifie alors que l'on refuse également tout ce qui relève du progrès (en particulier les progrès réalisés depuis les cinquante dernières années) et ses bienfaits : le téléphone portable, l'électricité, la télévision, Internet, la médecine moderne, etc. En clair, refuser cette évolution, c'est refuser tout cela aux musulmans !

On ne peut pas faire les choses partiellement. Ne devons prendre le menu et non choisir à la carte. Si nous voulons que les individus évoluent, il faut également que l'on mette un accélérateur dans les mentalités.

Chapitre 10

Conclusion ouverte...

DE « L'ÊTRE DE DÉSIR » AU « DÉSIR D'ÊTRE »

Genèse du voyage vers l'Autre

> *« Il faut que l'homme réalise d'abord lui-même que les situations conflictuelles qui l'opposent aux autres ne sont que des conséquences des situations conflictuelles dans son âme propre, et qu'il s'efforce ensuite de surmonter ce conflit intérieur qui est le sien, pour désormais se tourner vers ses semblables en homme transformé, pacifié, et nouer avec eux des relations nouvelles. »*
>
> MARTIN BUBER (1878-1965)

Nous avons commencé notre réflexion par la puissance du « désir d'être » qui apparaît la condition essentielle pour devenir soi, s'élever, se parfaire. Si les Orientaux et les Occidentaux parvenaient à dépasser leur besoin de certitudes rassurantes (dont ils sont dépendants comme d'une drogue) et se regardaient mutuellement comme détenant chacun des expériences de l'échec, porteuses d'enseignement, et que, plutôt que se combattre, ils marchaient côte à côte à la découverte de ce nouveau troisième mil-

lénaire, n'atteindrait-on pas (après avoir commencé le chemin avec le « désir d'être ») le premier stade vers une certaine sagesse humaine : « l'être de désir » ?

J'aime beaucoup l'expression *l'être de désir*. Cela précise, en effet, que l'on a eu auparavant le désir d'être, d'exister d'une manière ou d'une autre.

L'être de désir... J'aime cette formulation parce qu'elle est ouverte en permanence, elle n'est pas enfermée sur des certitudes. *L'être de désir*, c'est l'être de l'incertitude, un être de puissance intérieure, de feu intérieur, et non un être de pouvoir. *L'être de désir* est aussi un être de recherche, il est toujours en quête de quelque chose.

Désirer, ce n'est justement pas *avoir* ; désirer, c'est tendre vers quelque chose que l'on n'a pas. Et j'aime que l'on s'inscrive dans cette perspective de désirer quelque chose que nous n'avons pas atteint.

Partir du « désir d'être » pour arriver à « l'être de désir » est un voyage en spirale qui s'élance vers le haut. Le stade de « l'être de désir » est un point dans la spirale, et c'est cela qui est très intéressant. Le symbole de la spirale s'ajuste bien à cela car il est parfaitement vrai que nous sommes toujours en train d'accumuler, d'ajouter une phase, une période, un cycle, au fur et à mesure de notre évolution.

Le stade de « l'être de désir » n'est pas une étape fermée, il offre une perspective joyeuse, ouverte, proche de l'espérance. Ce n'est pas l'être de l'*avoir*, de la richesse, du pouvoir, ce n'est pas un être de certitudes, c'est un être qui s'ouvre sur un nouvel horizon, sur un appétit différent.

Et le *nouveau* comme le *différent* incluent l'incertitude...

Après cette première phase qu'est le « désir d'être », peut-on dire que celle de « l'être de désir » en serait le second souffle ?

Exactement, cette notion de *second souffle* me séduit. D'ailleurs, nous pouvons même supposer qu'un troisième, un quatrième, etc., suivront.

En fait, nous n'existons que dans la mesure où il y a du désir qui nous porte. Sans ce désir-là, qui nous soutient et fait de chacun d'entre nous un être, l'être tout court n'existe pas.

L'être de désir permet de dire qu'il reste encore et encore à désirer être, ici ou ailleurs, autre que l'être que nous sommes aujourd'hui, car nous ne sommes pas des êtres finis, mais des êtres en formation, peut-être en transition.

Ne reste-t-il pas aussi à apprendre que le désir le plus constructeur est le « désir de l'Autre » ?

Je crois en effet, qu'au-delà de *l'être de désir,* perspective que vous proposez et à laquelle j'adhère, se trouve « l'être de l'*Autre* ». L'essentiel est bien sûr de désirer, mais on ne désire jamais tout seul, nous avons besoin de l'*Autre*, du désir de l'*Autre*.

N'est-ce pas justement ce qui permet la rencontre, l'échange et la fraternité ?

Absolument. Pour moi, le désir n'est jamais subjectif ; ce n'est pas un monologue, c'est un dialogue. Le désir est inévitablement dans l'interaction avec l'autre, il ne peut pas être égotique.

Nous sommes alors à un nouveau stade de la spirale : « Le désir d'être... avec l'Autre ».

Exactement, *l'être de désir* est le seul capable de faire de nous des êtres humains transcendés ; la transcendance étant l'unique évolution. Et cet être entre alors dans une quête permanente : la quête du genre humain dans son ensemble. Ce qui me captive et m'éblouit dans l'être humain est qu'il est capable de désirer, même en ayant tout. Une telle aptitude prouve qu'il y a de l'espérance pour tous, les plus pauvres partageant au moins cela (disposer de la puissance du désir) avec les plus riches ; dans ce domaine, les distinctions, quelles qu'elles soient, n'existent plus.

Peut-on aller jusqu'à parler de « l'égalité par le désir » ?

Oui, en effet. Mais encore faut-il que l'on en prenne conscience. Il existe une réelle égalité de chances face au désir qui est une énergie humaine trans-individuelle, n'ayant rien à voir avec la couleur de la peau, l'âge ou la fortune. Seulement, je le répète, encore faut-il être conscient de cela. Certaines personnes sont dans la grâce la plus totale, dans le bonheur le plus complet, mais ne le voient pas. Le problème n'est donc pas tant de posséder du désir, mais d'apprécier la valeur du désir, sa force, sa nature, le lieu où il s'exprime et la manière dont il s'applique. Et c'est toute la différence !

Il existe bien une « égalité par l'école », pour autant, certains ne liront jamais...

En fait, pour que les individus prennent vraiment conscience de l'énergie du désir qui est à leur disposition, ne devrions-nous pas également préciser qu'il faut y associer la volonté ?

Oui, la notion de volonté est importante et également celle de discrimination, car nous pouvons avoir de la volonté, mais sans méthode. Il est important de longuement réfléchir à cette problématique du désir et d'essayer de l'accompagner, de la comprendre.

D'ailleurs il ne s'agit pas uniquement de désir mais aussi d'amour.

Combien de gens s'aiment sans le savoir et se font toutes les misères du monde parce qu'ils croient qu'ils ne s'aiment pas ? Combien d'autres rêvent d'être aimés et d'aimer, ont un magnifique potentiel amoureux, mais n'ont personne à aimer ? De tels cas sont fréquents et tristes.

Le désir est à la disposition de chacun, comme, par exemple, la possibilité de déplacements est à la portée de (presque) tout le monde en Occident, mais combien de personne, en France, ayant des passeports, les utilisent vraiment pour aller dans d'autres pays ?

Les êtres humains sont vraiment étonnants...

Le mouvement est possible, mais ils ne l'utilisent pas ; la liberté est acquise, ils ne l'utilisent pas ; le savoir est accessible, ils ne l'utilisent pas...

À un moment donné, un ingrédient supplémentaire doit donc entrer en jeu : la capacité discriminante (le choix) de la volonté de l'individu. Le désir et la volonté sont des aptitudes que tout le monde possède, encore faut-il les marier avec suffisamment de finesse et de savoir pour prendre conscience que si, à certains moments, ils peuvent donner du sens à ce que nous faisons, à d'autres ils ne le peuvent pas.

Même s'il existe une égalité par le désir, la différence fondamentale réside néanmoins dans le fait d'être capable d'accomplir le bon choix, au bon moment. Il faut s'entraîner à passer outre des milliers de désirs, au profit d'un seul qui sera le plus caractéristique de notre personnalité, qui nous ressemblera le plus. Par exemple, en ce qui me concerne, parmi mes désirs, mon choix s'est porté prioritairement sur le « désir de savoir », sur le désir d'être un homme de savoir.

Cette faculté est parfois innée, mais quand ce n'est pas le cas, elle peut parfaitement s'apprendre.

Nous pouvons presque illustrer vos dernières paroles par la célèbre inscription apposée sur le fronton du temple de Delphes et reprise par Socrate : **« Connais-toi toi-même. Tu connaîtras l'Univers et les Dieux. »**

Absolument. Cette parole du temple de Delphes est tellement vraie et universelle que, en des temps et des lieux différents, Lao-Tseu, philosophe taoïste chinois et le dogme musulman ont approximativement dit la même chose. Cette connaissance est si profonde que nous n'en avons d'ailleurs pas encore fait le tour, malgré les découvertes de la psychanalyse, de l'anthropologie, de la philosophie, de l'humanisme, etc.

Dans le domaine du *Connais-toi toi-même*, il nous reste de vastes territoires vierges à conquérir, et même si, au premier abord, cela peut paraître un constat malheureux de l'incapacité de l'être humain (cette parole existant depuis des millénaires), je pense néanmoins qu'une telle quête recèle une véritable note d'espoir.

Bien que l'être humain ait encore à sa disposition des milliers de pages pour écrire son histoire, le roman familial de l'humanité, il n'utilise que quelques lignes et deux ou trois gouttes d'encre pour rédiger cette merveilleuse épopée.

Il est donc vital que l'Homme s'émancipe de ses inhibitions, de ses interdits, de ses anachronismes et de ses haines stériles, pour aller vers lui-même et, qu'enfin, cette parole de sagesse *Connais-toi toi-même* soit un vrai mode de vie, une réalité quotidienne.

Le jour où nous aurons admis et compris que le précepte *Connais-toi toi-même* est indispensable pour mieux vivre avec son prochain, pour mieux vivre sa communauté, son Dieu, sa religion et son époque, nous aurons fait un grand pas en avant.

Et même si, pour l'instant, ce désir et cette volonté de progresser dans cet exercice de connaissance de soi semblent encore limités à quelques-uns, je ne désespère pas que cette philosophie devienne peu à peu celle de l'humanité tout entière.

Alors, nous saurons vivre la paix.

« La joie de vivre est un combat singulier
qui relève de la souveraineté de l'être. »

MALEK CHEBEL

Malek Chebel est né à Skikda (Algérie) en 1953. Il suivit des études secondaires au lycée El-Arbi Tébessi, puis à l'Université de Constantine. Major de la première promotion de psychologues cliniciens, il poursuivit ses études doctorales à Jussieu (centre Censier) avec le Professeur Jean Laplanche et obtint un doctorat de psychopathologie clinique et psychanalyse (mention : « *très bien* »).

Revenu à Constantine, il enseigna pendant un semestre puis, pour des raisons éthiques et professionnelles, revint en France où il s'inscrivit au séminaire d'anthropologie, d'ethnologie et des sciences de la religion de l'Université de Jussieu et acheva sa thèse en 1984. Parallèlement, il entreprit aussi des études de sciences politiques à l'Institut d'Études Politiques de Paris (doctorat en 1986).

Ensuite, en 1995, Malek Chebel acquit une « Habilitation à la direction de recherche : option sociologie » (anciennement doctorat d'État) à l'Université de la Sorbonne.

En 1984, son premier ouvrage « *Le Corps dans la tradition au Maghreb* » paraît aux Éditions des Presses Universitaires de France. Le succès éditorial remporté l'incite à approfondir le travail d'écriture et le conduit à devenir l'essayiste le plus fécond et le plus constant du Monde arabe. Ainsi, plus de vingt livres en vingt ans d'expérience, on fait de lui un spécialiste réputé et un chercheur à la méthodologie rigoureuse et créative.

La plupart de ses ouvrages sont traduits en langues étrangères, parmi lesquelles le coréen, le japonais, le suédois, le roumain, le portugais et l'arabe.

L'objectif de ses travaux universitaires ou grand public est de libérer le musulman de ses illusions et de ses anachronismes. Une telle désaliénation passe essentiellement par les sujets qu'il aborde et la manière avec laquelle il le fait. Au-delà du tabou de la sexualité et du thème complexe de la femme en Islam, qui furent ses terrains de prédilection, ce sont maintenant les mentalités, le dogme religieux, la relecture critique des textes fondateurs de l'islam et l'avènement – tant attendu – de l'autonomie du Sujet qui le mobilisent.

Conjointement à ses travaux personnels, Malek Chebel s'est engagé dans une démarche de collaboration avec de nombreux auteurs, a rédigé plusieurs préfaces d'ouvrages dont la plus importante à ce jour est une préface de cent quarante pages du Coran traduit par Édouard Montet, et a écrit plusieurs centaines d'articles parus dans divers journaux et revues spécialisés.

Éditorialiste sur une grande radio du sud (Radio Méditerranée Internationale) qui émet de Tanger, il est en outre sollicité par la plupart des organes de presse importants, que ce soit la presse écrite, radiophonique ou télévisuelle, françaises et étrangères.

Aujourd'hui, il parcourt le monde pour coordonner des dossiers, donner des conférences et des consultations autour de plusieurs thèmes essentiels : la sexualité, la femme en islam, la religion, la laïcité, la modernité.

À terme, son objectif est d'achever *l'Histoire Générale des Mentalités dans le Monde arabe et en Islam* ; une œuvre en sept volumes, dont déjà six titres sont parus.

Mais, au-delà, son objectif principal est de progressivement mettre en place une anthropologie de l'Homme (au sens large), à travers son essence, son histoire et ses manifestations les plus marquantes.

SOMMAIRE

Autres titres de la collection « Rencontre »

Marie de Solemne

AIMER... MALGRÉ TOUT, rencontre avec Jean-Yves Leloup, 1999

L'ENTHOUSIASME ET LA JOIE AU TEMPS DE L'EXASPÉRATION, rencontre avec Robert Misrahi, 2000

PASSEUR DE VIES, rencontre avec Jacques Salomé, 2000

Nathalie Calmé

JE PEUX CHANGER, rencontre avec Paule Salomon, 2000.

Titres de la collection « À vive voix »

Marie de Solemne

AIMER DÉSESPÉRÉMENT (avec André Comte-Sponville, Étienne Klein, Jean-Yves Leloup), 1998.

LA GRÂCE DE SOLITUDE (avec Christian Bobin, Jean-Michel Besnier, Théodore Monod, Jean-Yves Leloup), 1998.

INNOCENTE CULPABILITÉ (avec Paul Ricœur, Père Stan Rougier, Jean-Yves Leloup, Pr. Philippe Naquet), 1998.

INSAISISSABLE FRATERNITÉ (avec Alain Finkielkraut, Albert Jacquard, Jean-Pierre Schnetzler, Frère Jean), 1998.

LA SINCÉRITÉ DU MENSONGE (avec Boris Cyrulnik, Maître Paul Lombard, André Bercoff, Père Christian Delorme), 1999.

ENTRE DÉSIR ET RENONCEMENT (avec Robert Misrahi, Sylvie Germain, Julia Kristeva, Lama Dagpo Rimpoché), 1999.

LE MAL D'INCERTITUDE (avec Alain Ehrenberg, Gérard Israël, Marc Lachièze-Rey, Malek Chebel), 2002

Michaël de Saint Cheron

DE LA MÉMOIRE À LA RESPONSABILITÉ, (avec Geneviève de Gaulle-Anthonioz, Edgar Morin, Emmanuel Levinas), 2000.

LA CONDITION HUMAINE ET LE TEMPS (avec Elisabeth Badinter, Jacques Attali, François Gros, Lama Jigmé Rimpoché), 2001.

Achevé d'imprimer
sur les presses de
l'Imprimerie Graphique de l'Ouest
Le Poiré-sur-Vie (Vendée)
Dépôt Légal : Mars 2003
N° d'impression : 3086